집에서
혼자 죽기를
권하다

건강하게 살다 가장 편안하게 죽는 법

집에서
혼자 죽기를
권하다

在宅ひとり死のススメ

우에노 지즈코 지음 | 이주희 옮김

📖동양북스

"가족과 함께 살면 아무래도 나를 억누르고
가족을 먼저 생각해야 하니까요.
당연히 생활에 대한 만족도가 낮아질 수밖에요."

_ 어느 60대 여성의 인터뷰 중에서

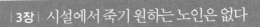

|3장| 시설에서 죽기 원하는 노인은 없다

|4장| 중요한 것은 살아 있을 때 고립되지 않는 것이다

내 책 『싱글, 행복하면 그만이다』(이덴슬리벨, 2011. 일본에서는 2007년 출간)가 일본에서 베스트셀러가 된 지도 벌써 13년이 흘렀다.

이 책 다음에 『여자가 말하는 남자 혼자 사는 법』(현실문화, 2020), 『누구나 혼자인 시대의 죽음』(어른의시간, 2016)을 썼고 이 '싱글의 노후' 시리즈는 3부작으로 끝이 났다. 나는 더 이상 나올 게 없다고 생각했다.

그러나 나는 아직 죽을 기미가 보이지 않았다. 그다음은 어쩌나, 하던 참에 생각난 주제가 '싱글의 사후'였다(웃음). 솔직히 말하면 나는 살아 있을 때의 일 말고는 관심이 없다.

사후 세계 따위는 딱 질색이다. 장례식이나 묘지 등 웰다잉 관련 분야에는 전혀 관심이 없다. 장례식은 가족들끼리만 모여서 치를 예정이다. 유골은 어딘가에 뿌려달라고 유언장에 써두었고 유언 집행인도 정해놓았다. 유골을 뿌릴 장소는 일본 내 모처로 정했는데 그리 번거로운 곳도 아니다. 그 정도의 일은 부탁할 친구가 있고 조금은 신세를 져도 되지 않을까 생각한다.

그래도 그때까지는 상당히 시간이 걸릴 것 같다. 사회학자인 가스가 기스요 씨가 쓴 『백 살까지 살 각오는 하셨습니까?』(아고라, 2019)에 따르면 90세를 넘길 확률이 남성은 4명 중 1명 이상, 여성은 2명 중 1명 이상이라고 한다. 이미 100세를 넘긴 장수 노인이 일본에만 약 8만 명에 이른다. 나나 여러분이나 장수할 확률이 꽤 높다는 뜻이다.

『싱글, 행복하면 그만이다』를 썼을 때 나는 58세였다.

그 후 고령자 대열에 들어섰고 이제는 72세의 당당한 전기 고령자가 되었다. 앞으로 3년 후에는 후기 고령자가 된다[노인 인구를 2단계로 구분하여 65세 이상을 전기 고령자, 75세 이상을 후기 고령자로 분류한다. – 옮긴이]

아직 죽을 기미가 안 보인다고는 했지만 그동안 많은 고령자를 봐온 경험으로 미뤄보면 앞으로 무슨 일이 벌어질지 대

충 짐작이 간다. 가스가 씨의 말을 빌리면 '비틀비틀 → 비실비실 → 쓰러짐', 즉 간병이 필요한 시기가 올 것이다.『누구나 혼자인 시대의 죽음』을 쓰고 난 후의 내 목표는 '간병 필요 인정 고령자'가 되는 것이었다.

그 이유는 '좋아, 이제 진짜로 간병이 필요한 환자가 되어 당사자의 시선으로 정보를 공유해야지'라는 생각에서였지만, 실제로 그런 상황이 된다면 과연 그럴 기력과 체력이 있을지 모르겠다. 존경하는 대선배인 히구치 게이코 씨는 최근작『노인이여, 당신에게도 '허약 비실 시기'가 온다(老い、どん! あなたにも「ヨタヘロ期」がやってくる)』(2019)에서 자신의 '허약기'에 대해 썼다. 이제 모두 당사자가 되어 '간병을 받는 지혜'를 공유하는 시대가 코앞으로 다가왔다.

『누구나 혼자인 시대의 죽음』이 나온 후에도 현장은 시시각각 변하고 있다. 이 책은 그 후의 변화를 알아보고 다 함께 다음 단계를 궁리하기 위한 실마리가 되었으면 좋겠다는 생각으로 썼다.

부디 끝까지 읽어주면 감사하겠다.

집에서 혼자 죽기를 권하다

|1장|

혼자
늙는 게
어때서?

혼자 늙는 사람은 불쌍한 걸까?

노인이 혼자 있으면 사람들은 "불쌍하다", "외롭겠다"라고 말한다. 나는 그런 사람들에게 "쓸데없는 오지랖!"이라고 말하고 싶었다. 그래서 쓴 책이 『싱글, 행복하면 그만이다』였다.

싱글은 인구 비율로 따지면 소수이고 그 소수를 위해 쓴 책을 다수의 기혼 여성들까지 읽으면서 베스트셀러가 되었다. 정말 상상 밖의 일이었다. 그런데 어느샌가 우리 사회에 '싱글' 인구가 늘어났다.

간병 보험이 시작된 2000년에는 고령자가 자녀와 함께 사는 비율이 49.1%(일본 내각부, 2000)였지만 약 20년 동안 30.9%(2017)까지 떨어졌다. 고령자 가구의 독거 비율은 내가 『싱글, 행복하면 그만이다』를 낸 2007년에 15.7%에서 2019년에는 27%로 급증했다. 부부 가구의 비율은 33%로, 고령자 가구의 독거 비율을 합하면 50%를 넘는다. 부부 가구를 사별과 이혼에 따른 예비 1인 가구라고 생각하면 결국 가까운 미래에는 1인 가구가 절반 이상이 될 것이다.

언젠가는 그럴 거라고 생각했지만 변화 속도가 예측을 훨씬 뛰어넘었다. 가장 크게 바뀐 것은 부부 중 한쪽이 사망하여 혼자가 되어도 자녀와 함께 살지 않고 혼자 사는 사람이 늘었다는 점이다. 『싱글, 행복하면 그만이다』에서 나는 부모를 혼자 둔다고 비난받은 자녀가 부모에게 같이 살자고 요청하는 것을 '악마의 속삭임'이라고 표현했다. 이제는 그런 '악마의 속삭임'을 입에 담는 자녀도, 그것을 받아들이는 부모도 줄어들었다. 세대 간의 가구 분리가 완전히 자리를 잡았다. 왜냐고? 그래야 부모와 자녀 모두가 행복하다는 사실을 배웠기 때문이다. 그리고 그 이유 중 가장 큰 것은 고령자가 혼자 사는 것에 대한 편견이 사라져서다. 또 고령자 스스로도 혼자 사는 것이 의외로 괜찮다고 깨닫기 시작했기 때문이다.

집에서 혼자 죽기를 권하다

베테랑 '싱글'이라면 이 정도는 이미 예전에 눈치챘을 것이다. 다만 "가족 만세!"를 외치는 이 세상에서 큰 소리로 그런 이야기를 하기가 껄끄러웠을 뿐이다. 그뿐만 아니라 기혼 여성들이 사별과 이혼으로 '돌싱'이 되어 막상 혼자 살아보니 나쁘지 않다는 사실을 학습한 효과도 있다. 나는 사별이든 이혼이든 '돌싱'이 된 친구에게는 "잘 다녀왔어!"라고 말해준다. 사실 우리는 모두 인생에서 일시적인 시간 동안만 가족으로 함께 산다. 그 시기가 지나면 모두 다 똑같은 싱글이다. 결국에는 싱글로 돌아오게 되어 있다.

그런데도 아직 세상에는 싱글을 마치 박멸해야 하는 삶의 나쁜 방식처럼 경고하는 책이 흘러넘친다.

후지모리 가쓰히코 씨의 『1인 가구 급증 사회의 충격(単身急増社会の衝撃)』(2010)의 일본어판 띠지에는 '무연고 사회의 실상을 고발한다', '고독사는 남의 일이 아니다'라는 무시무시한 협박조의 글이 쓰여 있다. 야마구치 미치히로 씨는 『무연고자 간병(無緣介護)』(2012)이라는 거침없는 제목의 책에서 '1인 고령 사회의 노인, 고립, 빈곤'이라는 부제를 달았다. 마치 이 셋이 세트라도 되듯이 말이다. 그리고 차기작 『다큐 : 싱글에게 간병이 필요할 때(ドキュメント : ひとりが要介護にな

るとき)』(2019)의 부제는 '노후에 혼자 살 때, 재택 간병이 괜찮을까?'로 마지막에는 결국 시설이나 병원에 갈 수밖에 없다는 인상을 준다. 그리고 책의 띠지 문구는 '싱글이면 안 되나요?', '친척이 없는데 안 되나요?', '혼자 살면 안 되나요?'라고 싱글의 간병 문제를 몇 번이나 못 박고 있다. 혼자 사는 삶을 마치 있어서는 안 될 일처럼 생각하는 게 절실히 느껴졌다.

그런데 전혀 그렇지 않다는 내 주장이 전해졌나 보다. 후지모리 가쓰히코 씨의 차기작은 『1인 가구 급증 사회의 희망』 (2017. 한국어판 제목은 『1인 가구 사회』 나남출판, 2018)으로 제목이 '충격'에서 '희망'으로 바뀌었다. 책의 후기에는 '싱글의 노후를 생각하는 모임'에 대해서도 언급했다. 1인 가구의 증가는 더 이상 막을 수 없다. 그렇다면 한탄하거나 겁을 주기보다는 어떻게 긍정적으로 대처할지를 생각해야 한다.

그뿐만 아니라 '불쌍하다', '비참하다'라는 편견이 따라다니는 1인 고령자 가구를 '싱글'로 당당히 바꿔 부르자. 스스로 '싱글'이라고 부르며 당당해진 사람으로는 바로 나를 예로 들어주면 좋겠다. 에헴.

집에서 혼자 죽기를 권하다

노후에는 혼자가 행복하다는 사실을 증명해주는 듯한 책을 만났다. 쓰지가와 사토시 씨의 『노후는 혼자 사는 게 행복하다(老後はひとり暮らしが幸せ)』(2013)라는 책이다. 나는 『누구나 혼자인 시대의 죽음』을 쓴 이후에 이 책을 알게 됐는데 '좀 더 빨리 읽었으면 좋았을 텐데' 하고 후회했다.

하지만 만약 내가 그 책과 같은 이야기를 썼다면 오기를 부리는 것으로 보였을지도 모른다. 나는 기껏해야 '노후에 싱글이어도 불행하지 않다' 정도나 쓸 수 있었다. 하지만 쓰지가와 씨의 책은 '혼자 사는 게 가장 행복하다'는 사실을 데이터를 통해 논리적으로 증명했다. 가타부타 토를 달 수가 없었다.

쓰지가와 씨는 오사카에서 이비인후과 의사로 일하고 있는데, 2013년에 오사카부 가도마시에 사는 60세 이상의 고령자 약 500명을 대상으로 조사를 진행했고 460명에게 답변을 받았다. 그 결과 '혼자 사는 고령자의 생활 만족도가 가족과 함께 사는 고령자보다 높다'는 데이터를 얻었다.

세상에는 '행복지수' 조사라는 게 있는데 사실 '행복'이란 극히 주관적이다. "당신은 행복합니까?"라는 질문에 대한 답변을 비교하는 일은 사실 매우 어렵다. 그래서 그 대신 '생활 만족도'라는 지표를 사용한다. 쓰지가와 씨도 '생활 만족도'를 사용했다. 지금부터 나도 편의상 쓰지가와 씨처럼 '행복지수'를 '생활 만족도'로 바꿔 쓰겠다. 양해해주기를 바란다.

그동안 진행했던 설문 조사에서는 혼자 사는 고령자와 가족과 함께 사는 고령자의 생활 만족도를 비교했을 때, 혼자 사는 쪽이 만족도가 더 낮다고 나왔다. 혼자 사는 고령자의 빈곤율이 높고 사회적 고립도도 높기 때문이었다. 하지만 쓰지가와 씨는 오사카 근교 주택가에 사는 중산층 노인들을 대상으로 설문을 진행했다. 자녀와 함께 진료를 받으러 오기도 하지만 어쨌든 이비인후과에 직접 진료를 받으러 오는 사람은 비교적 건강한 고령자다. 그리고 자녀가 있어도 따로 사는 '선택적' 싱글이 많은 편이다. 대량의 데이터에서는 보이지 않는, 상대적으로 경제적 여유가 조금 있는 사람들을 조사했다고 할 수 있다.

정부 통계는 고령자를 독거와 동거, 두 가지로만 비교했지만 쓰지가와 씨는 독특한 방법을 사용했다. 동거 고령자를 더 여러 층으로 나눠서 동거인이 1명인 경우, 2명인 경우, 3명인 경우, 4명 이상인 경우로 구분해서 비교했다. 그 결과 동거인

집에서 혼자 죽기를 권하다

이 1명 늘어나, 즉 2인 가구가 되면 생활 만족도가 최저로 떨어졌다. 동거인이 다시 1명 더 늘어나서 3인 가구가 되면 생활 만족도가 조금 상승하고 4인 이상, 즉 다세대(多世代, 여러 세대) 가구가 되면 생활 만족도가 독거 고령자와 거의 비슷한 수준이 되었다.

2인 가구란 '부부 가구' 아니면 '부모 1인과 자녀 1인'인 경우를 말한다. 부부 가구는 이른바 '빈 둥지' 시기로서 육아가 끝나 목표를 상실한 커플이 얼굴을 마주하는 위기의 시기다. 부부만 남게 되면 서로 다른 문화가 격돌하여 당연히 생활 만족도가 낮아질 수밖에 없다. 그래서 이 시기에는 중간에 완충 가구를 두는 게 좋다. 자녀가 함께 살거나 반려동물을 통해 대화하는 커플도 있다. 그러니 3인 가구가 되면 생활 만족도가 조금 상승하는 게 이해가 된다.

동거 가족이 3명 늘어서 총 4인 이상의 다세대 가구가 되면 생활 만족도는 1인 가구와 비슷해진다. 일본 정부는 3대의 동거를 권장하고 2대가 함께 사는 주택의 건설비를 지원하겠다는 안까지 냈다. 이런 정책을 만든 정치가들도 3대가 함께 살지는 않을 텐데 말이다. 무엇보다 일왕 일가도 절대 3대가 함께 살지 않는다. 다세대 가구의 만족도가 높다는 결과를 보고 '역시 노인은 가족과 함께 있어야 행복해'라고 생각할지도 모르겠다. 하지만 쓰지가와 씨의 결론은 '혼자 사는 것'은 '3대가 함께 사는 것과 맞먹는 만족도를 얻을 수 있다'이다.

쓰지가와 씨는 더 흥미로운 사실도 밝혀냈다. 나이를 먹을수록 체력이 떨어지고 몸에 여러 문제가 생긴다. 하지만 시간의 흐름에 따른 조사 대상의 변화를 따라가 보니, 건강 상태가 나빠져도 혼자 사는 사람의 만족도는 좀처럼 떨어지지 않았다. 아프고 고통스럽다는 것은 애초에 타인의 고통이다. 말해봤자 어쩔 도리가 없다. 혼자 참는 수밖에 없다는 싱글의 체념과 각오가 전해지는 듯하다.

혼자 사는 고령자라고는 해도 일단 가족을 형성했다면 따로 사는 자녀가 있을 수 있다. 쓰지가와 씨의 조사에 따르면 혼자 사는 고령자 중 자녀가 있는 사람과 없는 사람의 생활 만족도는 다를 게 없다고 한다. 아, 천만다행이다. 자녀가 없는 노후는 비참하다고 겁주는 말을 얼마나 들었던가. 자녀와 따로 사는 것은 이제 거의 당연한 일이 되었고 나이를 먹다 보면 오히려 자녀가 먼저 세상을 뜨는 일도 있다. 따로 사는 자녀가 있든 없든 생활 만족도는 바뀌지 않는다는 사실이 이

집에서 혼자 죽기를 권하다

해된다.

2인 가구의 만족도는 최저

쓰지가와 씨는 두 번째 책『둘의 노후도 이렇게 하면 행복하다(ふたり老後もこれで幸せ)』(2014)를 펴냈다. '첫 책에서 2인 가구의 생활 만족도가 최저라고 해놓고 지금 무슨 소리지?'라는 생각이 들었다. 2인 가구의 생활 만족도는 남편과 아내가 매우 달랐다. 싱글의 만족도는 남녀 모두 평균 74점으로 거의 비슷하게 높았다. 반면 2인 가구는 남녀 양쪽 모두 싱글보다 만족도가 낮을 뿐만 아니라 여성의 만족도가 남성보다 더 낮았다. 쓰지가와 씨는 '2인 가구는 아내의 단독 패배'라고 정통으로 지적했다.

이 책에는 공감할 만한 사례가 가득하다.

"남편은 매일 텔레비전만 봐요. 말을 걸어도 대답을 안 한다니까요. 그러면서 사소한 것까지 어찌나 잔소리하는지, 짜증이 난다니까요."(70대 여성)

"남편은 다른 사람의 말을 전혀 듣지 않아요. 자기가 하고

싶은 대로만 하죠. 제가 반대 의견을 내면 금방 큰소리를 내서 대화가 안 돼요."(60대 여성)

"남편이 퇴직하고 나더니 내가 어딜 가든 따라와서 피곤해요."(60대 여성)

"남편은 다른 식구가 아픈 것에는 관심도 없으면서 자기 건강에 조금이라도 문제가 생기면 난리를 치죠."(60대 여성)

"남편이 퇴직한 후로 집안일은 일절 돕지 않고 불평만 해서 우울해요. 온종일 컴퓨터를 하고 있다니까요. 남편의 존재 자체가 짜증 나요. 온종일 기분이 우울해요."(70대 여성)

물론 남편도 할 말이 있을 것이다. 남편의 만족도도 역시 낮다.

"저는 취미 활동만 하고 집안일은 전혀 하지 않아요. 매번 밥을 차려주는 아내가 고맙지만 말로 표현하지 않아요."(70대 남성)

말을 한다고 죽는 것도 아닌데 왜 일본 남자들은 고맙다는 말을 이리도 아낄까?

그럼 남편과 아내는 어떻게 지내야 할까? 2인 가구의 노후 행복의 비결로 다음 일곱 가지를 들 수 있다.

집에서 혼자 죽기를 권하다

비결 1. 서로를 이해한다.

비결 2. 가사 분담을 확실히 한다.

비결 3. 가치관이 달라도 신경 쓰지 않는다.

비결 4. 눈앞의 불만은 사소한 거라 생각한다.

비결 5. 둘이 있을 때부터 미리 혼자가 되었을 때를 준비한다.

비결 6. 시간적, 공간적으로 거리를 둔다.

비결 7. 자신의 세계에 파고든다.

아무래도 '상호 불가침 조약'을 맺고 서로 간섭하지 않는 게 공존의 비결 같다. 그렇다면 부부가 함께하는 의미가 뭘까? 남편을 먼저 보낸 아내는 이렇게 말한다.

"맨날 싸우기만 해서 남편이 빨리 가버렸으면 좋겠다고 생각했는데 막상 가버리니 외롭네요."(60대 여성)

부부란 참 알 수 없는 존재다(쓴웃음).

기혼자인 쓰지가와 씨는 '2인 가구 노후의 이상적인 모습은 혼자 사는 사람 2명을 한 지붕 아래에서 살게 하는 것'이라고 했다. 실현할 수 있는 사람은 많지 않아 보인다.

쓰지가와 씨는 두 번째 책에서 만족도 조사에 이어 또 흥미로운 조사를 했다. 바로 '고민도' 조사다. 그 결과가 〔그림 1〕과

〔그림 1〕만족도

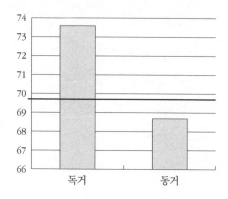

〔그림 2〕고민도

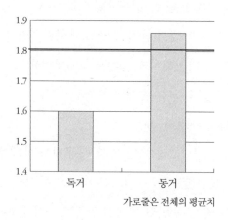

가로줄은 전체의 평균치

출처_『둘의 노후도 이렇게 하면 행복하다』(쓰지가와 사토시, 2014)

집에서 혼자 죽기를 권하다

〔그림 3〕만족도

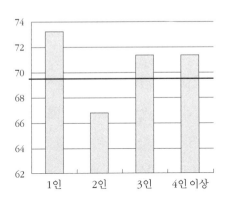

〔그림 4〕고민도

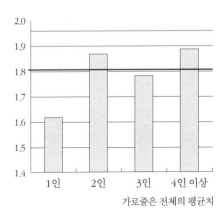

가로줄은 전체의 평균치

출처_『둘의 노후도 이렇게 하면 행복하다』(쓰지가와 사토시, 2014)

〔그림 2〕다. 그림을 보면 '1인 가구는 만족도가 압도적으로 높고 고민이 적은' 반면, '2인 가구는 만족도가 낮고 고민이 가장 많다.'

만족도와 고민도를 동거인 수에 따라 분류한 그림이 〔그림 3〕과 〔그림 4〕다. 확실히 동거인이 늘어날수록 만족도가 올라가지만 반대로 '고민'도 많아지는 경향을 볼 수 있다. 당연하다. 고민은 나보다는 주변에서 오기 때문이다. 자신은 만족도가 높더라도 함께 사는 자녀 부부의 사이가 나쁘거나 손자에게 문제가 생긴다면 고민의 씨앗이 될 수밖에 없다. 물론 혼자 사는 고령자에게도 따로 사는 가족은 있을 테니 비슷한 고민이 있을 수 있다. 하지만 인간이란 남보다는 자신을 먼저 생각하기 때문에 일단 눈앞에 안 보이면 잘 잊는다. 따라서 만족도에서 고민을 빼도 역시 혼자 사는 사람의 만족도가 가장 높게 나온다.

혼자는 외롭지도, 불안하지도 않다

쓰지가와 씨는 세 번째 책『속편 : 노후는 혼자 사는 게 행복하

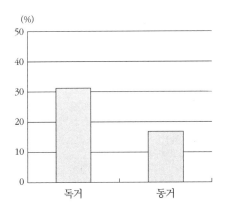

〔 그림 5 〕 외로움

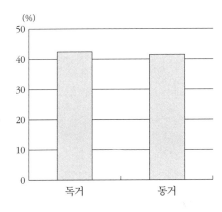

〔 그림 6 〕 불안

출처_『속편 : 노후는 혼자 사는 게 행복하다』(쓰지가와 사토시, 2016)

〔그림 7〕 외로움에 따른 만족도

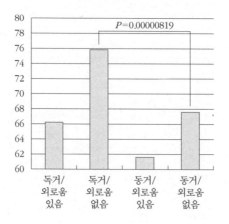

출처_『속편 : 노후는 혼자 사는 게 행복하다』(쓰지가와 사토시, 2016)

다(続・老後はひとり暮らしが幸せ)』(2016)에서 '외로움'과 '불안'
을 조사했다. 외로움과 불안 비율을 동거 고령자와 독거 고령자
로 나눠 조사한 결과는〔그림 5〕와〔그림 6〕과 같다. '역시 싱글은
외로워'라고 생각할 수도 있다. 하지만 쓰지가와 씨가 지적했
듯이 '외로움은 대부분 일시적인 감정'으로 '일정 시기가 지나
면 익숙해진다.' 따라서 싱글이 된 지 얼마 안 된 초보 싱글은
외로움을 느끼지만 '처음부터 혼자라면 외로워하지 않는다.'
　"나는 애초에 외동으로 자라서 전혀 외롭지도, 불안하지도

집에서 혼자 죽기를 권하다

않아요. 다른 사람들이 외롭다고 하면 잘 이해가 안 됐어요. 왜 외롭다고 하는지 모르겠어요."(70대 여성)

당연한 말이지만 가장 외로운 사람은 마음이 통하지 않는 가족과 함께 사는 고령자다. 사실 고령자의 자살률은 예상과 달리 독거 고령자보다 동거 고령자 쪽이 더 높다.

〔그림7〕은 외로움과 만족도의 상관관계를 나타낸 그림이다. 그림을 보면 예상대로 '외롭지 않은' 사람의 만족도가 높다. 하지만 외롭든, 외롭지 않든 동거 고령자는 독거 고령자보다 만족도가 낮다. 쓰지가와 씨는 이를 '충격적인 결과'라고 했다.

사례를 들어보겠다.

"가족이 많고 몸 상태도 좋아서 외로움과 불안 모두 전혀 없어요. 하지만 만족도는 아무리 높아도 60점 정도예요. 가족과 함께 살면 아무래도 나를 억누르고 가족을 먼저 생각해야 하니까요. 당연히 생활에 대한 만족도가 낮아질 수밖에요."(60대 여성)

불안을 느끼는 사람은 전체의 42.3%로, 가족 수나 나이에 상관없이 어떤 환경에서든 불안을 느꼈다.

그래도 싱글 입장에서는 "이러니저러니 해도 자녀가 있으면 안심이 되잖아. 무슨 일이 생기면 달려와줄 수 있으니까"
라고 불평할 수 있다. 하지만 쓰지가와 씨의 조사는 아주 면
밀했다. 자녀가 있는 사람, 없는 사람, 가까이에 사는 사람,
멀리 사는 사람으로 나눠 만족도와 고민, 외로움, 불안을 비
교했다. 그 내용이 〔그림 8〕~〔그림 11〕이다. 그런데 세상에! 자
녀가 없는 싱글의 만족도가 가장 높은 데다가 고민은 적고 외
로움과 불안도 더 낮았다. 자녀가 가까이에 사는 사람이 멀리
사는 사람보다 고민이 더 많았는데, 역시 눈앞에 안 보이면
일단 잊고 살 수 있는 게 맞는 말 같다. 한편, 자녀가 멀리 사
는 사람이 가까이에 사는 사람보다 불안이 높은 것은 그럴 만
하다.

"처음부터 자녀 없이 살면 특별히 외롭다고 느끼지 않는다."
쓰지가와 씨의 조사 결과를 정리하면 이렇게 말할 수 있다.

'만족스러운 노후'의 세 가지 조건

"만족스러운 노후의 모습을 따라가 보니 결론은 혼자 사는 거
였다. 노후의 생활 만족도는 익숙한 장소에서 진정으로 신뢰

집에서 혼자 죽기를 권하다

〔그림 8〕만족도

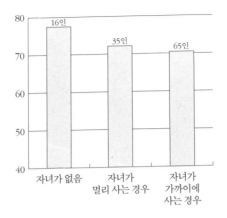

〔그림 9〕고민도

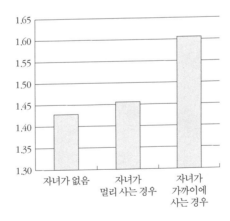

출처_『속편 : 노후는 혼자 사는 게 행복하다』(쓰지가와 사토시, 2016)

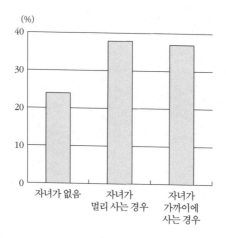

〔 그림 10 〕 외로움

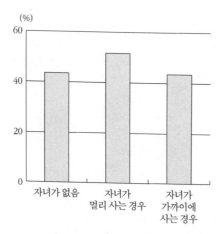

〔 그림 11 〕 불안

출처_『속편 : 노후는 혼자 사는 게 행복하다』(쓰지가와 사토시, 2016)

집에서 혼자 죽기를 권하다

할 수 있는 친구(친척)와 자유롭게 사느냐에 따라 결정된다."

쓰지가와 씨는 자신의 저서 3부작의 결론을 이렇게 맺었다.

나는 그동안 ① 살던 집에서 계속 살기, ② 돈 부자보다 사람 부자 되기, ③ 타인에게 신세 지지 않고 자유롭게 살기 이상 세 가지를 추구하며 살았다. 쓰지가와 씨의 결론은 나의 주장과 보기 좋게 겹쳤다. 쓰지가와 씨도 시설에 들어가는 것은 권하지 않았다. 오히려 자신이 결론 내린 요소들은 "어떠한 고급 시설에도 존재하지 않는다"라고 단언했다. 부유층 대상의 요양 시설을 봐도 내가 전혀 부러워하지 않는 이유다.

나는 『싱글, 행복하면 그만이다』를 출간한 후에 쓰지가와 씨의 첫 번째 책을 발견했다. 너무 재미있어서 바로 연락했고 그 인연으로 그의 세 번째 책 『속편 : 노후는 혼자 사는 게 행복하다』에 추천사도 썼다. 그 책의 띠지에는 이렇게 쓰여 있었다.

이제 혼자여도 괜찮아!

닥터 쓰지가와가 데이터로 알려주는 진실

역시나 의사 선생님, 증거가 최고다.

나야말로 "노후에는 혼자가 최고!"라고 얼마나 말하고 싶었던가. 애초에 내가 『싱글, 행복하면 그만이다』를 쓴 이유도 가족이 없는 노후는 비참하다는 고정관념을 뒤집고 싶었기 때문이다. 하지만 내가 이런 말을 하면 분명 사람들은 '혼자 사는 여자의 절규'라고 했을 것이다. 이제 쓰지가와 씨가 데이터를 제시해준 덕분에 확실한 근거를 보여줄 수 있다.

물론 오사카 주택가에서 개업의로 일하다 보니, 쓰지가와 씨의 조사 대상에는 어느 정도 계급의 쏠림 현상이 있다. 그에 비해 정부 통계는 전국 평균의 대량 데이터여서 빈곤층의 존재가 평균치를 끌어내린다. 하지만 일단 경제적으로 어려운 상황이 아닌 중산층 정도의 생활을 한다면 쓰지가와 씨의 조사 결과가 타당할 것이다.

싱글 중에는 '스스로 선택한 사람'과 '어쩔 수 없이 된 사람'이라는 두 종류가 있다. 싱글의 삶을 살 마음가짐이 있느냐 없느냐에 따라 나뉜다고도 말할 수 있다. 스스로 선택한 싱글 생활에는 외로움도, 불안도 없다. 높은 만족도와 적은 고민을 보여주는 관련 데이터는 이 사실을 뒷받침해줄 강력한 지원군이다.

그런데도 미디어에서는 여전히 '혼자 사는 고령자'를 마치

집에서 혼자 죽기를 권하다

사회 문제처럼 묘사할 때가 많다. 몇 번이나 반복하지만 혼자 사는 것과 고립은 다르다. 동거 가족이 있다고 해서 반드시 안심할 수도 없다. 만약 함께 사는 가족이 학대나 방치를 한다면 훨씬 더 위험할 수도 있다. 케어 매니저가 알려준 '처우 곤란 사례'에는 가족과 동거 중이라 간병 보험을 이용하지 못하거나 아예 집에 들어가지 못하는 경우가 나온다. 케어 매니저는 이럴 때면 "따로 살면 좋을 텐데"라고 한탄한다. 오히려 1인 가구면 돌봄을 위해 개입하는 게 훨씬 수월하기 때문이다.

부모와 자녀 세대를 분리할 때는 노인을 집에서 빼내는 게 아니라 젊은 사람이 나오는 게 도리다. 젊은 사람은 환경 변화에 적응하기 쉽고 애초에 집도 부모 집일 테니 말이다. 자신 명의의 집에서 나와야 하는 것은 말이 안 된다.

이런 사례가 있었다. 도쿄 고쿠분지시에서 방문 진료를 하는 의사 닛타 구니오 씨에게 들은 이야기다. 오랫동안 해외에서 살던 딸이 중년이 되자 '엄마의 노후가 걱정된다'며 혼자 사는 어머니의 집으로 돌아왔다(사실은 '자신의 노후가 걱정'이었겠지만). 며칠이 지나자 딸이 "엄마가 이상하다", "시설에 보내드려야 할 것 같다"며 닛타 씨를 찾아왔다.

닛타 씨는 딸의 얼굴을 똑바로 보며 "당신이 나가세요"라고 조언했다. 결국 딸은 근처에 아파트를 빌려 따로 살기 시작했다. 세대를 분리하자 어머니의 상태도 좋아졌다고 한다.

나중에 들어온 사람이 먼저 살고 있던 사람을 내쫓는다니 당치도 않다. 나중에 들어온 사람이 나가면 된다. 전작 『누구나 혼자인 시대의 죽음』에도 쓴 적이 있는데, 따로 살아도 가족은 가족이고 서로 오가면서 '파트타임 가족'을 하면 된다.

미디어 관계자들에게 부탁하고 싶다. '싱글'의 부정적인 모습만이 아니라 긍정적인 롤 모델도 제시해주기를 바란다. 주변을 둘러보면 혼자 잘 사는 노인이 얼마든지 있다.

이러한 데이터와 롤 모델이 늘어나서 싱글에 대한 부정적인 편견이 사라지기를 바란다.

집에서 혼자 죽기를 권하다

| 2장 |

자녀가 없는
노후는
정말로 비참한가?

죽음이 많아지는 사회

저출산 고령화 사회 다음은 초고령 사회, 그다음에는 다사(多死) 사회, 즉 죽음이 많아지는 사회다. 대량 죽음의 시대라고도 할 수 있다. 어쨌든 사람의 사망률은 100%, 그 어떤 장수 사회에서도 죽음은 피할 수 없다. 일본은 인구 감소 사회가 되었다. 매년 태어나는 아이보다 죽어가는 노인의 수가 더 많은 사회다.

고도성장기일 때는 일본을 '죽음이 보이지 않는 사회'라고 불렀다. 인구 보너스 시기였다. 도심에 핵가족이 늘어난 이유도 베이비붐 세대가 둘째, 셋째를 많이 낳았기 때문이다. 반면 주위에 노인은 별로 없어서 죽음이 친숙하지 않았다. 아파트 단지에는 아이를 키우는 집이 흘러넘쳤고 결혼식장은 늘었지만 장례식장은 별로 없었다.

작가 시바타 쇼 씨의 에세이 중에 자신이 사는 아파트 엘리베이터에 과연 자신의 관이 들어갈 수 있을지 생각하는 내용이 있다. 키가 커서 관이 적어도 180cm 이상은 되어야 하는데, 그렇게 기다란 관이 아파트 입구를 무사히 통과할 수 있을까? 엘리베이터에 들어나 갈 수 있을까? 옆으로 안 들어가면 세로로 세워야 할까? 사망자를 전혀 생각하지 않은 공동주택의 구조에 시니컬한 시선을 던진 글이었다. 그의 글을 읽은 후 나도 어느 아파트에 가든 엘리베이터에 관이 들어갈 수 있는지를 확인하는 습관이 생겼다. 다행히도 내가 사는 아파트에는 이삿짐 운반 등에 사용하는 업무용 엘리베이터가 있다. 더블 침대도 들어간다고 하니 아마 관도 가능하겠지, 휴.

우리 사회는 죽음이 보이지 않는다. 삶의 마지막을 병원에서 보내는 경우가 많기 때문이다. 병원에서 죽으면 가족은 죽음에 이르는 과정을 자세히 목격할 수가 없다. 병원 영안실에서 장례식장으로 직행하기 때문에 죽은 이와 함께할 기회가

집에서 혼자 죽기를 권하다

없다. 당연히 죽음이 가깝게 느껴질 수가 없다.

　그런데 요즘은 죽음을 보는 시각이 바뀌고 있는 것 같다. 예전에는 가까운 사람끼리만 죽음에 대해 이야기했다. '재수가 없다', '불길하다'며 화제로 삼지도 않았다. 하지만 최근에는 '웰다잉'이라는 말도 등장했고 원하는 장례식과 묘지에 대해 가족끼리 이야기도 나눈다. 『싱글, 행복하면 그만이다』를 출간하고 나서 '재택사(ⓒChizukoUeno)'라는 신조어를 만들며 '재택사 준비 강좌'라는 강연회를 기획했을 때, 주최자는 이런 이야기를 들으러 과연 사람들이 오겠냐며 걱정했다. 하지만 놀랍게도 500명이 들어갈 수 있는 강연장이 가득 찼다. 더욱 놀란 것은 질의응답 시간에 나온 발언이었다. "죽는 것은 혼자 가능하지만 시신 뒤처리는 스스로 못 할 텐데 어떻게 해야 할까요?"라며 '죽음'이나 '시신', '장례식' 등의 단어를 스스럼없이 말했다. 아, 이제 이런 말은 금기가 아니구나, 싶어 감격했다. 이제는 일왕 일가조차 '웰다잉'을 이야기하고 있으니 말이다. 지금의 상왕과 상왕비의 묫자리 계획이 등장하고 미디어에서 부부가 같은 무덤에 들어갈지 말지를 논의할 때 느낀 감격이란! 이제 일왕의 사후를 화제로 삼아도 아무도 '불경스럽다'고 생각하지 않는 시대가 되었다.

100세 시대,
죽음에 대한 생각이 바뀌고 있다

묘지와 장례식 등에 대해 생각하는 '웰다잉'은 죽은 후의 일이다. 그전에 우선 죽지 않으면 안 된다. 초고령 사회의 일본인은 죽음의 방식에도 변화가 있었다.

2018년 일본인의 사망 원인 1위는 암, 2위는 심혈관 질환, 3위는 노쇠, 4위는 뇌혈관 질환이었다. 모두 나이를 먹으면 저절로 따라오는, 고칠 수 없는 만성 질환뿐이었다.

그중 최근에 '노쇠'가 3위로 부상했다. 의료 전문가에 따르면 '노쇠'란 '사망 원인을 알 수 없다'는 것과 마찬가지다. '심부전'이나 '다발성 장기부전'이라고 써야 할 곳에 확실한 원인을 모르기에 '노쇠'라고 쓸 뿐이다. 따라서 '노쇠'는 병명이 아니라 사회가 승인한 사망 원인이라고 해도 좋다. 초고령자가 이렇다 할 원인이 없이 죽었을 때, "그 나이면 뭐 어쩔 수 없지"라고 주변이 해석하면 '노쇠'가 된다. 이런 경우는 앞으로 점점 더 늘어날 것이다.

전쟁 전에는 결핵이 일본인의 사망 원인으로 가장 많았다. 결핵은 감염병의 일종으로 개발도상국에서는 이런 감염병으로 죽는 사람이 많았다. 젊은 사람도 픽픽 죽어나갔다. 의학은 마치 인간과 감염병의 싸움이라고 해도 좋을 정도였다. 선진국은 치사율이 높은 감염병을 거의 박멸했지만 인류가 알지 못하는 새로운 '적'은 계속해서 나타난다. 코로나바이러스감염증-19도 그중 하나다. 인간은 바이러스나 세균과 싸움을 하면서 치료 약도 먹지만 감염되더라도 체내에서 싸워 이겨낼 수 있는 면역력을 갖고 있다. 따라서 면역력이 높은 젊은 사람은 감염되더라도 회복되고 그렇지 않은 고령자나 지병이 있는 약자는 죽음에 이른다.

일본은 고령자가 만성 질환이 있더라도 좀처럼 죽지 않는다. 많은 사람이 장수하는 시대가 온 것이다. 그리고 이 점이 초고령 사회가 된 원인이다. 2018년 일본인의 평균 수명은 남성이 81.41세, 여성이 87.45세였다. 평균 수명은 한 살에 죽은 아이도 포함한다. 지금은 '100세 인생'으로 90세가 넘어도 살아 있을 확률이 남성이 4명 중 1명, 여성이 2명 중 1명 이상이다. 그리 쉽게 죽지 않는 사회가 된 것이다.

장수 사회가 되려면 영양 수준, 위생 수준, 의료 수준, 간병 수준이 일제히 상승해야 한다. 분명 노력으로 얻은 결과지만 항간에는 『장수 지옥』(마쓰바라 준코, 동아엠앤비, 2019)이라느

니,『장수해도 보상받지 못하는 사회(長生きしても報われない 社会)』(야마오카 준이치로, 2016)라느니, 마치 장수를 저주하는 듯한 말이 넘쳐난다. 나는 이런 말을 들을 때면 "그렇게 고령화가 싫으면, 개발도상국으로 가세요. 면역력이 떨어진 노인은 욕창으로 감염병에 걸려 순식간에 죽을 수 있으니까"라는 악담이 나온다. 옛날에는 욕창 등이 당연했고 또 그 때문에 감염되어 죽는 일도 흔했다. 하지만 요즘에는 간병할 때 욕창이 생기지 않게 한다. 간병의 수준이 그만큼 높아진 것이다.

민간 비영리 단체인 '일본건강노화 진기구(日本健康加齡推進機構)' 이사장이자 의사인 오타 히로시 씨는 '시신은 간병의 알림장'이라고 말한다. 욕창이 없는 깨끗한 시신은 생전에 얼마나 극진한 간병을 받았는지를 보여주는 증거이기 때문이다. 그러니 현장 전문가들의 노력으로 얻어낸 세계적인 수준의 간병을 한탄할 필요는 전혀 없다.

참고로 최근 유행하는 '건강 수명'을 알고 있는가? 건강 수명이란 평균 수명에서 허약 기간(일상생활에 제한이 있는 건강하지 못한 상태의 기간)을 뺀 나머지, 즉 '건강상의 문제로 제약받지 않고 일상생활이 가능한 기간'이다. 허약 기간은 간병이나 지원이 필요한 상태라고 생각하면 된다. 요즘은 몸이 아픈 상

집에서 혼자 죽기를 권하다

태로는 살아 있어도 소용이 없고 오로지 건강한 몸으로만 장수해야 한다는 듯이 건강 수명을 늘리자는 운동이 여기저기에서 일어나고 있다. 건강 수명에는 남녀 차가 있는데 허약 기간의 평균은 2016년 조사에 따르면 남성이 8.84년, 여성이 12.35년이었다. 여성이 타인의 도움을 받으며 살아가는 기간이 남성보다 4년이나 길었다.

하지만 나는 건강 수명의 연장이라는 말을 들을 때마다 기분이 이상하다. 수명에 끝이 정해져 있다면 건강 수명을 늘릴수록 확실히 허약 기간은 짧아진다. 하지만 매년 평균 수명이 늘어나고 있는 상황에서 건강 수명을 늘리려 노력하다 보면 근력이 더 생겨서 평균 수명까지 늘어날지도 모른다. 게다가 여성의 허약 기간이 더 길다는 말은 여성은 허약해져도 생명을 지탱할 수 있는 기간이 남성보다 길다는 뜻이다. 애초에 허약해져도 살아갈 수 있는 사회가 문명사회다. 감사한 일이다.

마지막은 병원이 아니라 집에서

지금은 대부분의 사람들이 병원을 죽는 곳으로 생각하지만

원래 많은 사람들은 그냥 집에서 죽었다. 병원사와 재택사의
비율은 1976년에 역전되었다. 그리 오래된 일이 아니다((그림
12)). 오랫동안 우리는 죽어가는 노인을 병원에 보내는 게 '상
식'이라고 생각했다. 하지만 병원은 죽는 곳이 아니라 사람을
살리는 곳이다. 특히 119를 불렀을 때는 연명 치료가 필수적
으로 따른다. 가장 이해하기 어려운 행동은 노인의 상태가 급
변했을 때, 또는 상황에 따라서는 이미 사망했는데도 119를
부를 때다. 이런 행동은 연명 치료나 심폐 소생을 해달라는
부탁이나 마찬가지다. 그리고 나중에는 그럴 생각은 아니었
다고 후회한다. 최근에야 비로소 이런 '상식'에 의문을 품기
시작했다.

젊은 사람이 감염병에 걸리거나 사고를 당하면 병원으로
달려가는 게 효과적이다. 하지만 죽음이 다가온 고령자에게
는 무리한 연명 치료를 한들 소용이 없다. '마지막은 병원에
서'라는 생각은 의료 혜택을 받기 어려웠던 과거의 사고방식
이다. 임종 때 한 번이라도 좋으니 아버지를 진료받게 해주고
싶은 마음 말이다. 하지만 그런 시대는 이미 지나갔다. 병원
에서 죽는 비율이 요즘 드디어 감소세로 접어들었다. 그 대신
재택사와 시설 간호가 점점 늘어나고 있다. 예전에는 시설에

집에서 혼자 죽기를 권하다

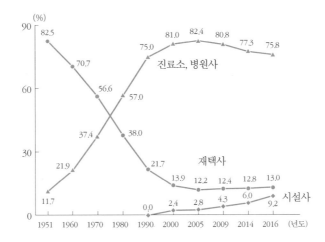

〔그림 12〕병원사와 재택사의 추이

(%)

후생노동성의 「인구 동태 통계」(2016)를 바탕으로 작성했다.

서조차 임종기의 노인은 병원으로 보냈지만 이제는 시설에
서도 간호를 할 수 있게 되었다.

재택사로 변화하는 이러한 흐름은 절대 과거로 돌아가지
않을 것이다. 그리고 '재택'이라고 해도 그곳에는 이미 가족
이 없거나 있어도 간병을 기대할 수 없다. 게다가 지금의 '탈
병원화' 현상은 '병원화'가 한 바퀴를 돌고 난 후의 새로운 재
택사다. 지역의 의료와 간병 자원이 이전과는 달리 충실해졌

기 때문이다.

　일본인의 사망 원인을 보면 대부분 나이 먹어서 생긴 질환으로 죽었다는 사실을 알 수 있다. 즉, 예상할 수 있는 죽음, 원만한 죽음이다. 다행히 간병 보험 덕분에 많은 고령자가 케어 매니저의 도움을 받는다. 간병 보험의 간병 필요 인정 비율은 고령자 전체에서는 평균 20% 정도이지만 나이를 먹을수록 상승하여 80대 후반에서는 50%, 90대에서는 70~80%에 이른다(일본 국립사회보장 인구문제연구소, 2012). 즉, 많은 수의 고령자가 죽을 때까지 간병 필요 인정을 받는 허약 시기를 거치기 때문에 아무리 건강하게 천수를 누리고 싶어도 현실적으로 불가능하다.

　간병 필요 인정을 받은 고령자에게는 케어 매니저뿐만 아니라 질환이 있을 때는 방문 의사 및 방문 간호사도 연결해준다. 자택에서 서서히 다가오는 죽음을 맞이하는 데 의료가 개입할 필요는 없다. 의료는 병을 고치는 게 목적이지 죽기 위한 게 아니다. 의료의 역할은 개입을 삼가고 사후에 사망진단서를 써주는 것이다.

노인의 상태가 위급해 보이면
반드시 119를 불러야 할까?

그렇다면 노인의 상태가 위급해 보이거나 죽어가는 현장을 발견했을 때 어떻게 하는 게 좋을까? 절대로 119는 부르지 마라.

도쿄의 병원에서 30년 이상 응급 의료를 하고 있는 의사 하마베 유이치 씨와 대담을 한 적이 있다. 그는 실력을 갖춘 의사이자 필력도 뛰어났다. 인생이 순식간에 응축된 듯한 응급 의료 현장에서 겪은 경험담을 에세이로 소탈하게 써내 인기를 끌었다. 빈사 상태의 교통사고 환자 치료와 같은 촌각을 다투는 현장에서 자신의 일이 지금 당장 필요한 매우 가치 있는 행위라는 데 강렬한 사명감을 느꼈다고 했다. 그 쾌감이 그를 응급 의료 현장으로 달려가게 했다. 도파민과 아드레날린이 대량으로 나오는 그런 긴장감 넘치는 현장에 중독되는 기분을 이해할 수 있다.

그런데 최근 응급 의료 현장의 급격한 변화로 119에 실려 오는 고령자가 늘어났다고 한다. 이런 고령자는 며칠에서 몇 주간 연명 치료를 하면서 생명을 연장하는데 그는 이런 치료가 꼭 필요한지 확신이 서지 않는다고 했다. 섣부른 연명 치료 때문에 나중에 환자 가족에게 원망을 듣는 일도 있다고 했다. 그렇다면 처음부터 119를 부르지 않으면 좋으련만. 대부분 놀라서 어쩔 줄 모르다가 그만 119를 부른다고 한다. 아마도 119 외에 다른 선택지가 뭔지를 잘 모르기 때문일 것이다.

하마베 씨는 죽음이 많아지는 시대가 된 지금, 이대로 계속 응급실로 실려 오는 고령자의 수가 늘어나면 의료 현장의 기능이 마비될 거라고 했다. 몇 살 이상은 119 출동 신청을 받지 않는 등의 규칙을 만들어야 한다고 말할 수도 있지만, 그렇게 하면 응급 환자의 중증도 분류를 나이로 차별하게 된다. 도쿄의 응급실은 연계 시스템이 구축되어 있어서 자신이 간 구의 응급실이 꽉 차 있으면 도쿄 내 다른 구로 갈 수 있다. 하지만 비어 있는 응급실을 찾아서 다른 구의 병원을 전전하다가 골든타임을 놓칠 수도 있다. 응급 의료 현장의 기능을 마비시키지 않기 위해서라도 이용자 스스로 자제할 필요가 있다.

119를 부르기 전에 우선 방문 간호 스테이션에 연락하는 게 좋다. 방문 간호 스테이션은 24시간 대응이 의무이기 때문에 상황을 설명하면 어떻게 해야 하는지 알려준다. 필요하

집에서 혼자 죽기를 권하다

면 주치의에게 연락해주거나 야간 방문도 해준다.우리나라도 방문 간호 서비스가 있으며 방문 간호 센터에 따라 재가 서비스가 다양하다. - 옮긴이. 야간에 연락을 받은 주치의가 119를 부르라고 지시하는 경우도 종종 있다고 한다. 물론 필요한 때도 있겠지만 자신이 나서고 싶지 않아서 안이하게 119로 연결해버리는 의사도 있다. 실제로 있었던 일인데 방문 간호사가 주치의에게 아무리 연락해도 연결이 되지 않자, 하는 수 없이 다른 의사에게 요청해서 야간에 왕진을 와주었다고 한다. 그런데 나중에 주치의가 "쓸데없는 짓을 했다"며 안 좋은 소리를 했다고 한다. 의사마다 참 제각각이다.

방문 간호 스테이션과 연락이 안 되는 경우는 거의 없지만 혹시나 안 된다면 주치의 다음은 케어 매니저, 그다음은 방문 간병 센터의 긴급 전화로 연락하면 된다. 만약 본인에게 기력이 남아 있다면 직접 휴대전화로 연락하면 끝난다. 휴대전화에 단축 번호 1번부터 이 연락처들을 순서대로 입력해두자. 일본재택호스피스협회 회장인 오가사와라 분유 씨는 환자의 침상 옆에 이 전화번호들을 우선순위대로 크게 써 붙여두었다고 한다. 오가사와라 씨는 나와 함께 『우에노 지즈코가 묻다 : 오가사와라 선생님, 혼자 집에서 죽을 수 있습니까?

(上野千鶴子が聞く : 小笠原先生、ひとりで家で死ねますか?)』
(2013)를 쓰기도 했다.

내가 도저히 이해할 수 없는 게 또 하나 있다. 긴급 상황에서 고령자가 멀리 떨어져 사는 자녀에게 전화하는 경우다. 긴급한 상황에서 직접 전화를 할 수 있을 정도라면 몇 시간이 걸리는 자녀보다는 15분 정도면 올 수 있는 방문 간호사나 간병인이 더 도움이 된다. 자녀들도 의료나 간병에는 초보다. 갑작스러운 상황에서 적절한 판단을 하기 힘들다. 게다가 부모가 이용하는 기관의 연락처를 반드시 알고 있다고 할 수도 없다. 그저 어찌할 바를 몰라 할 뿐이다. 예전에는 한밤중에 연락이 오면 첫 차가 다닐 때까지 기다려야 할 때가 많았지만 지금은 자동차로 충분히 이동할 수 있어서 그런 변명은 통하지 않는다. 부모의 긴급 전화를 받을 때마다 자동차로 4시간을 걸려 달려오는 효자의 이야기를 들은 적이 있다. 왜 근처에 있는 전문가에게 부탁하지 않는지 모르겠다.

일본 지방 자치 단체 중에는 긴급 전화 버튼을 배포하는 곳도 있다. 하지만 신청한 고령자에게만 제공하고 그 긴급 전화 버튼조차 너무 높은 곳에 있어서 누를 수 없다며 자녀에게 연락하는 노인도 있다. 어이없게도 긴급 전화 버튼이 그대로

집에서 혼자 죽기를 권하다

119로 연결되는 곳도 있다. 일반적으로 119를 부르는 데 저항이 강하다. 가벼운 마음으로 부를 리가 없다. 그래서 부담감을 줄이려고 지방 자치 단체에서 긴급 전화 버튼을 만들었는데 그게 바로 119로 연결된다면 도대체 무엇을 위한 버튼인지 모르겠다. 북유럽에 시찰하러 갔는데, 그곳에서는 방문 간병을 이용하는 혼자 사는 고령자에게 센터에서 긴급 전화 버튼을 나눠주고 있었다. 화장실이나 욕실에서 넘어지면 손에 닿지 않을까 봐 목에 걸 수 있는 펜던트 형태였다. 혼자 사는 고령자 남성의 집을 방문했더니 펜던트가 책상 위에 있었다. 우연히 집에 와 있던 딸이 "목에 걸라고 말을 해도 안 들으세요"라며 한탄했다.

하지만 걱정하지 않아도 된다. 나이가 들면서 찾아오는 죽음은 평온하게 서서히 진행된다. 의료진이나 간병인이 "슬슬 때가 됐네요"라고 하면 그 예측은 거의 맞다. 119를 부르고 마치 화재 현장처럼 난리가 나는 죽음은 피할 수 있다. 이를 위해서는 죽음에 대한 생각이 바뀌고 있다는 것을 더 많은 사람에게 알리고 병원사가 절대 바람직한 죽음이 아니라는 사실을 배워야 한다.

자식에게는 감당할 수 있을 만큼의
부담만 남기자

그래도 건강하게 천수를 누리기를 바라는 당신에게.

바로 전날까지 건강하다가 그다음 날 죽어 있는 경우를 돌연사라고 한다. 시신을 발견한 사람은 119가 아니라 112를 부를 테고 그러면 경찰이 개입한다. 환자도 없고 사망진단서를 써줄 주치의도 없다. 이렇게 되면 변사체 취급을 받고 부검을 해야 할 수도 있다. 사건 가능성은 없는지 조사를 시작하고 주변 사람들은 피의자 취급을 받을지도 모른다. 예상치 못한 상실로 슬퍼하던 유족이 피의자로 몰릴 수도 있다니 너무한 일이다. 그렇다면 돌연사는 남에게 폐를 끼치는 죽음이라고도 할 수 있다.

그뿐만이 아니다. 예상치 못한 죽음은 남겨진 사람들에게 후회와 상처를 남긴다. 그러니 나이에 맞는 적절한 간병과 의료 지원을 받고 가족에게도 적당한 도움을 받자. "가족에게 짐이 되고 싶지 않아"라는 말을 종종 듣는데 이 말도 정말 이상하다. "나는 부모를 간병했지만 자식한테는 기대하기 힘들지", "내가 느낀 부담을 자식도 겪게 하고 싶지는 않아"와 같은 말도 한다. 이런 말을 하는 이유는 간병이 한 가족을 뭉개 버릴 정도로 매우 큰 부담이라고 생각하기 때문이다. 하지만 그 정도로 큰 부담이 아니라면, 감당할 수 있을 정도의 부담 이라면 가족에게 도움을 받는 게 그렇게 벌 받을 일은 아니다.

나는 아이가 없지만 아이를 키운 고령자에게는 반드시 이런 질문을 한다.

"인생에서 가장 많은 시간과 에너지, 돈이 드는 일이 육아죠?"

그러면 거의 모든 고령자가 그렇다고 답한다. 그렇다면 자녀에게 조금은 부담을 줘도 괜찮지 않을까? 존경하는 기리시마 요코 씨가 『아첨하지 않는 노후(媚びない老後)』(2017)라는 책에서 "자식에게 아첨은 하지 않는다. 하지만 노후는 부탁 할 셈이다"라고 단언했다. 나는 이 글을 읽고 드디어 나와 생각이 통했다고 느꼈다. 싱글 맘으로 3명의 아이를 키운 기리시마 씨의 파워는 아마 보통 사람과는 달랐을 것이다. 엄마를 따라 전 세계를 돌아다닌 아이들도 엄마가 자신들에게 쏟은 에너지와 고생을 잘 알고 있을 것이다.

주위의 보통 부모들은 "자식에게 짐이 되고 싶지 않아"라고 말한다. 왜 그렇게 자식을 어려워할까? 기리시마 씨처럼 당당하게 "네 도움을 좀 받아야겠어"라고 말해도 되지 않을까?

다들 자식의 눈치를 보면서 영원히 자식에게 '주고만' 싶은 것 같다. 그래서 나는 "자식들에게 도움을 받으세요"라고 억지를 부리기보다는 "만약 무슨 일이 생기면 잘 부탁해"라는 말 정도는 해두는 게 좋다고 조언한다. 그렇게 말할 수 있는 상대가 없는 내게는 그마저도 부러운 선택지다.

가족에게는 부담할 수 있을 만큼의 적당한 책임을 맡기자. 간병 보험 덕분에 그 정도는 가능해졌다. 부모님을 보내드린 후에는 "어머니, 아버지, 그동안 고생하셨어요", "저도 이제 어깨의 짐을 내려놓을게요" 등의 감정을 느껴보자. 이런 성취감도 떠나는 이가 가족에게 주는 선물이 아닐까.

집에서 혼자 죽기를 권하다

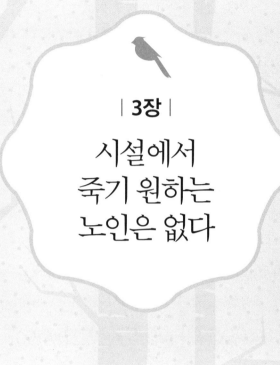

| 3장 |

시설에서
죽기 원하는
노인은 없다

병원에서 행복한 노인은 없다

~~~~~~

독자 중에도 마지막은 병원이나 시설에서 죽을 거라고 굳게 믿는 사람이 있을 것이다. 2장에서도 여러 번 말했지만 병원은 사람이 죽는 곳이 아니다. 정부는 비용이 드는 병원을 더 늘릴 예정이 없다. 앞으로는 119를 불러도 고령자는 환영받지 못할 것이다. 이미 다 알겠지만 간병 보험은 건강 보험 비용을 줄이려고 만들었다. 게다가 병원에 있으면서 행복한 노인은 없다. 병원은 애초에 사람이 사는 곳이 아니니까.

그렇다면 마지막에는 시설에서 지내야 할까? 최근에는 시설에서 간호까지 해주는 곳이 늘어나고 있다. 슬슬 내리막길에 접어든 노인을 병원으로 보낼 필요는 없다. 시설에 들어갈 때, '가족과 직원이 방에서 간호한다. 불필요한 의료 개입은 하지 않는다'라는 내용의 동의서를 받는 곳도 있다.

시설이 잘 맞는 사람도 있지만 나는 솔직히 시설과 데이 서비스 우리나라의 노인 주간 보호 센터와 비슷하다.-옮긴이에는 모두 들어가고 싶지 않다. 집단생활을 싫어하기 때문이다. 하세가와 가즈오 씨는 치매 전문의로 치매 환자는 낮에 돌보는 데이 케어가 중요하다고 주장했다. 하지만 막상 자신이 치매에 걸렸을 때 데이 서비스에 가보더니 하루 만에 싫어졌다고 한다. 역시나 그렇다. 데이 케어는 주로 가족이 권한다. 노인이 집에 있는 게 싫기 때문이다. 속아서 혹은 억지로 떠밀려 갔지만 생각보다 괜찮다면서 즐겁게 다니는 사람도 분명 있겠지만 그조차도 자발적으로 간 것은 아니다. 어린이집에 가는 아이와 마찬가지다.

시설은 생활을 24시간 관리한다. 이런 곳을 전제적 기관(total institution)이라고 한다. 그 전형이 교도소다. 따라서 시설은 어떤 의미에서는 교도소와 같다. 게다가 교도소라면 무기징역이 아닌 한 언젠가는 나갈 수 있지만 고령자 시설은 시

집에서 혼자 죽기를 권하다

신이 되지 않는 한 나갈 수 없다. 외출은 가능하지만 직원의 관리를 받아야 하고 가족이 사는 집에서 외박하고 싶어도 허락을 받아야 한다. 최신식 시설을 갖춘 한 시설에 갔는데 원장이 멋진 바가 있다고 자랑하길래 "이곳에 입소하신 분들도 자주 오시나요?"라고 물었더니, "왜 그런지 잘 안 오시더라고요"라고 답했다. 당연했다. 술 생각이 나면 비록 간병인과 함께 나가더라도 가까운 술집이 훨씬 즐거울 테니 말이다. 재미나 기분 전환할 수 있는 시설을 포함해서 24시간 모든 생활을 시설 안에서 하는 곳을 전제적 기관이라 부른다.

지역 사회에는 사람들이 모이는 장소나 카페, 레스토랑, 술집, 도서관, 스포츠 시설 등 다양한 곳이 있다. 그런 장소가 모두 배리어프리barrier free. 고령자나 장애인도 편하게 살 수 있는 사회를 만들기 위해 물리적, 제도적 장벽을 제거하자는 운동 — 옮긴이가 되어 휠체어를 탄 사람이나 치매 환자도 올 수 있다면, 거기서 일하는 사람들이 간병인 자격증을 가지고 있거나 치매 지원 교육을 받았다면, 노인만 모여 있는 특수한 시설 등은 필요하지 않을 것이다.

고령자 시설의 건설은 총량 규제가 있어서 생각만큼 늘어나지 않는다. 또 건설하는 데 비용이 많이 들기 때문에 정부와 지방 자치 단체 모두 적극적으로 나서서 늘리려고 하지 않는다. 시설을 늘리면 그만큼 지방 자치 단체의 간병 보험료도 오르고 땅값이 비싼 대도시에서는 침상 하나당 비용이 매우 비싸진다.

서비스 제공형 고령자 주택이라면 괜찮을까?

그 틈새를 노리고 등장한 게 서비스 제공형 고령자 주택이다. 인허가의 벽이 낮아서 우후죽순으로 늘어나고 있는데 지역에 따라서는 공급 과잉으로 방을 다 채우지 못한 곳도 있다. 시설과 달리 단순한 임대 주택이라서 외출이 자유롭고 설령 실내에서 넘어지는 사고를 당해도 본인 책임으로 주택 사업자에게 책임을 물을 수 없다. 여기서 '서비스'는 식사와 안부 확인 정도다. 지금까지는 자립형 서비스 제공 고령자 주택이나 주택형 서비스 제공 고령자 주택이라고 불렀는데, '자립'이 가능하다면 굳이 자기 집에서 나와 임대료를 내면서까지 임대 주택에서 살 이유가 없다. 하지만 이런 주택 사업자들은 집단생활에 익숙해지도록 건강할 때 결정하는 게 좋다고 권한다. 주변에 신경 써주는 사람이 없으면 불안해하는 사람에

집에서 혼자 죽기를 권하다

게는 맞을지도 모른다. 그리고 이런 주택에 들어가면서 요리를 비롯한 집안일에서 해방되었다는 여성도 있다.

히구치 게이코 씨는 올해 89세로 '요리 정년'이라는 신조어를 만들어내 같은 세대 여성들에게 큰 공감을 얻었다. 하루에 아침저녁 두 끼, 남편이 은퇴한 후에는 점심까지 하루 세 번 식사를 차려야 하니, 더 이상 집안일에 얽매이고 싶지 않다는 여성들의 마음이 너무 이해된다. 또한 집안일에 대한 능력이 없는 남성이 아내의 사망 후에 이런 주택으로 옮겨 삼시 세끼를 먹을 수 있게 되었다는 사례도 있다. 하지만 여기에도 문제는 있다. 주는 대로 먹어야 한다. 나보다 나이가 많은 한 지인은 유료 노인 홈_{한국의 실버타운과 비슷하다. - 옮긴이}에 들어간 후 늘 밥이 맛없다고 불평한다. 또한 오랜 기간 손수 밥을 해먹은 여성들 중에는 입맛이 깐깐한 사람도 적지 않다.

서비스 제공형 고령자 주택에 들어가서 간병이 필요하게 되면 어떻게 해야 할까? 최근에는 의료, 간병, 주택을 묶은 복합 비즈니스가 늘어나고 있다. 의료 법인이 주도하는 복합 사업을 바탕으로 고령자 주택 건설에 뛰어드는 의료 관계자가 늘어났다. 금융 기관도 의료 법인에는 돈을 흔쾌히 빌려준다.

지금 돈을 가장 많이 버는 간병 비즈니스는 서비스 제공형 고령자 주택에 방문 간병을 추가하고 거기에 방문 간호와 방문 의료까지 더한 것이다. 임대료와 관리비는 15만 엔 정도, 거기다 정기적인 간병과 방문 간호, 방문 의료, 비정기적 왕진 등이 쌓이면 한 달에 20~30만 엔 정도가 된다. 웬만한 유료 노인 홈 정도의 비용이다.

여기서 문제는 의료, 간호, 간병을 모두 전담하는 의료 법인을 이용하는 사람들 사이에 서열화가 일어난다는 점이다. 후생노동성도 그것을 눈치챘는지 동일 건물로 방문 진료를 반복할 경우에는 감액해주거나 케어 매니저에게도 여러 센터를 함께 이용하도록 유도하고 있다. 하지만 이런 서비스 제공형 고령자 주택에 일단 들어가면 도중에 주치의를 바꾸기가 어렵다.

간호 비즈니스도 그 수준이 천차만별이다. 홈 호스피스 '카아상노이에(어머니의 집)'처럼 양심적인 곳이 있지만 악덕 업자도 있다. 실제로 이런 사례가 있었다. 나고야 근교의 서비스 제공형 고령자 주택이 의료 법인과 결탁하여 의료 의존도가 높은 퇴원 환자를 받았는데, 보통은 시설들이 기피하는 위루관(영양 공급을 위해 위에 튜브를 연결한 것)을 단 고령자들이었다. 이 주택과 제휴한 병원에서는 왕진을 자주 나왔고, 한 사

집에서 혼자 죽기를 권하다

람당 한 달에 100만 엔이 넘는 금액을 청구하여 신고가 들어 갔다. 이 주택의 이용료는 월 15만 엔 정도로 카아상노이에 와 별반 다르지 않다. 하지만 카아상노이에는 이 비용으로 간호까지 해준다. 적발된 경영자는 "환자 가족들은 고마워하고 한 번도 컴플레인을 받은 적이 없다"며 정색했다. 그리고 이곳의 입소자들은 모두 위루관을 단 환자라서 조리 시설이나 조리사가 필요 없었다. 참 나쁜 쪽으로 머리가 잘 굴러가는구나 싶었다.

이러한 고령자 주택의 서비스 품질 관리는 거의 방목 상태다. 최근에는 서비스 제공형 고령자 주택에서도 간호를 하고 좋은 평가를 받는 곳도 있다. 사업자가 다수 진입하면 그 안에서 경쟁이 일어나서 평가가 나쁜 곳은 도태할 것이다. 이런 현상은 바람직하지만 굳이 집을 나와 임대 주택에서 집단생활을 해야 할 이유를 잘 모르겠다. 월세를 내지 않아도 되는 내 집에서 서비스 제공형 고령자 주택처럼 방문 간병, 방문 간호, 방문 의료 3종 세트를 추가하면 된다.

시설은 더 필요 없다. 이게 내 입장이다. 시설이 부족하다고 하는데 더 만들지 않아도 된다. 만들고 나면 그 후가 더 문제다. 건물은 반드시 관리해야 하고 고용을 유지해야 하며 빈방을 채워야 한다. 시설이 너무 많은 지역에서는 노인 쟁탈전이 시작되었다는 이야기도 들었다. 2015년에 시행된 의료·간병일괄법(의료간병종합추진법)으로 시설 입소 조건이 간병 필요도 3등급 이상으로 엄격해지면서 대기 고령자가 감소했다. 이 대기 고령자를 전원 수용할 수 있을 정도만 시설을 더 만든다고 해도 29만 명분의 시설이 필요하다. 그만큼을 더 만든다면 일본은 '수용소 열도'가 될 것이다.

시설과 병원을 좋아하는 노인은 없다. 현장을 돌아다니면서 더욱 확신이 생겼다. 병원은 환자보다는 의료진에 맞춰서 만들어져 있다. 병원 생활을 버틸 수 있는 이유는 언젠가는 나갈 수 있다는 희망 때문이다. 하지만 시설은 한번 들어가면 죽을 때까지 나올 수 없다. 건축가인 도야마 다다시 씨는 『자택이 아닌 재택』(공동체, 2015)을 주장하며 1인실형 특별 양호 노인 홈(사회복지법인이 운영하는 시설로 요양이 필요한 65세 이상의 고령자라면 입소할 수 있다)을 기본으로 한다는 이상을 내세웠다. 시설을 가능한 한 생활에 적합한 장소로 만들고자 했다. 2003년에 전체가 1인실인 시설을 '신형 특별 양호 노인 홈'이라 부르며 만들었지만 3년 만에 거주비 징수라는 좌절을 맛보고 사업은 벽에 부딪혔다. 하지만 내 생각에 1인실형 특별 양호 노인 홈은 재택 간병으로 건너가기 전 과도기의 산물이었다. 나중에는 역사적으로 그 시대적 역할을 인정받을 것이다.

사실상 전 세계 고령자 간병의 흐름은 시설에서 주택으로 완전히 이동하고 있다. 1988년 덴마크에서는 '프라이엠'이라는 노인 홈 시설이 법률로 금지되고 '프라이에보리'라는 고령자 주택으로 바뀌었다. 프라이엠에 1인실을 확충하고 방마다 우편함을 다는 정도로 끝난 경우도 있지만 기본 목적은 고령자를 주택에 살게 하여 가능한 한 자립해서 생활하도록 하는 것이었다. 그렇다면 그 주택이 집합 주택이냐 아니냐는 문제가 안 된다. 게다가 도통 이해가 안 되는 게 왜 노인만 모여 살아야 하는지 모르겠다.

고령자는 이를테면 중도 장애인과 비슷하다. 고령자나 장애인이나 남녀노소가 모이는 보통의 마을에서 보통으로 사는 것을 노멀라이제이션(normalization)이라고 한다. 마을이 바뀐다면 시설 따위는 필요가 없다.

혼자 죽음을 준비하려면 얼마가 필요할까?

집에서 죽어도 된다는 사실을 이제 알겠다. 하지만 혼자인 사람은 돈이 많아야 하는 게 아닌지 불안해하는 경우가 많다. 가족의 도움이 부족하면 타인에게 부탁할 수밖에 없다. 일본의 간병 보험은 애초에 혼자 사는 고령자가 자기 집에서 죽는 것을 가정하지 않았다. 간병 보험의 간병 필요 인정 제도는 사용할 수 있는 금액이 정해져 있어서 상한선을 넘으려고 하면 본인 부담률이 단번에 100% 상승한다.

그렇다면 도대체 얼마가 드는 걸까? 비용 때문에 불안한 사람이 많을 것이다.

요즘은 각지에서 재택 의료를 제공하는 왕진 의사가 늘어나면서 유명세를 탄 명의도 등장했고, 그들이 겪은 재택 간호 경험담이 책으로도 나왔다. 도쿠나가 스스무 씨의 『재택 호스피스 노트(在宅ホスピスノート)』(2015)나 고보리 이치로 씨의 『죽음을 산 사람들 : 방문 진료 의사와 355명의 환자(死を 生きた人びと : 訪問診療医と355人の患者)』(2018), 가와고에 고 씨의 『혼자, 집에서 평온하게 죽는 방법(ひとり、家で穏やかに 死ぬ方法)』(2015) 등이 있다. 의사 중에는 글을 잘 쓰는 사람이 많아서 어느 책을 읽든지 감동적이다. 하지만 애석하게도 다 들 품위가 있어서인지 돈에 대해서는 얘기해주지 않는다. 이 렇게 죽으려면 도대체 얼마가 필요할까? 이런 생각은 절대 불량한 게 아니다.

오가사와라 씨는 나와 함께 『우에노 지즈코가 묻다 : 오가 사와라 선생님, 혼자 집에서 죽을 수 있습니까?』를 쓴 다음에 『더없이 홀가분한 죽음』(위즈덤하우스, 2018)을 썼다. 매우 훌 륭한 책이다. 싱글의 재택사 비용이 확실히 쓰여 있다. 〔표 1〕 은 혼자 사는 80대 치매 환자 우에무라 씨(가명)가 사망하기 전 3개월간 사용한 경비다. 우에무라 씨의 집에는 나도 간 적 이 있는데 나중에 의사가 내게 "본인의 희망대로 자택에서 돌아가셨습니다"라고 전해줬다.

이 표에 따르면 건강 보험의 본인 부담 10%, 간병 보험 의 본인 부담 10%, 거기에 따로 본인 부담 서비스가 한 달에 3~4만 엔 정도 나왔다. 이 비용은 밤에 불안해서 죽기 3개월

〔표 1〕 우에무라 씨가 사망하기 전 3개월간 지출한 본인 부담금

		1월분 (31일분)	2월분 (28일분)	3월분 (17일분)
건강 보험	의사	64,480	67,670	200,920
	약제비	14,200	12,200	11,600
	간호사			61,300
	소계	78,680	79,870	273,820
	본인 부담	7,860	7,980	8,000
간병 보험	간호사	9,710	31,000	
	요양보호사	296,290	275,000	227,380
	재택 요양 관리비	2,900	2,900	2,900
	소계	308,900	308,900	230,280
	본인 부담	30,890	30,890	23,028
자비	요양보호사	36,820	42,310	
	교통비			150
	사망진단서 발급비 등			20,000
	소계	36,820	42,310	20,150
합계		424,400	431,080	524,250
실제 본인 부담금		75,570	81,180	51,178

※건강 보험의 본인 부담분은 75세 이상 고령자 의료 한도액 적용·표준 부담액 감액 인증서를 소지하는 경우에는 한 달에 8,000엔이 한도다(2006년 기준).
출처_『더없이 홀가분한 죽음』(위즈덤하우스, 2018)

집에서 혼자 죽기를 권하다

전에 자비로 야간 요양보호사를 부른 비용이었다. 총금액은 한 달에 40~50만 엔, 그중 본인 부담은 7~8만 엔 정도였다. 집에서 혼자 죽음을 준비하기 위해서는 어느 정도 돈이 들지 모르지만 데이터를 보면 그렇게 대단한 금액은 아니다.

　건강 보험 등의 정부 지원금은 어느 정도인지 궁금할 것이다. 정부가 재택사를 유도하는 이유는 확실히 비용이 저렴하기 때문이다. 간호 비용은 '병원 ＞ 시설 ＞ 재택' 순으로 낮아진다. 평균치는 알 수 없지만 병원사는 죽기 한 달 전에 발생하는 건강 보험의 평균 진료 청구액이 100만 엔을 넘는다는 데이터를 본 적이 있다. 고령자는 고령 의료비 감면 제도가 있어서 본인 부담이 줄어들지만 여기에 병실 비용이 붙는다. 임종을 앞둔 환자는 다른 환자와 함께 두면 심리적으로 좋지 않다고 하여 말기 환자는 1인실로 옮기기도 한다. 또한 가족이 모여 마음껏 슬퍼하기 위해서도 임종은 1인실에서 맞는 게 일반적이다. 병원의 1인실 비용은 도심 호텔 정도의 가격이라서 죽어가는 노인이 1인실에서 며칠을 보내면 가족의 부담도 무거워진다. 운이 좋아서 호스피스 병동에 입원한다고 해도 기본적으로 호스피스는 1인실이 원칙이고 하루 비용도 4만 엔이 넘는다.

이제 시설 간호가 가능해졌다. 임종을 앞둔 이용자가 있으면 그에 따른 부담은 시설 측에서 진다. 간호까지 해주는 시설에는 간호 가산 등의 혜택이 있어서 이용자는 특별 요금 없이 정해진 금액만 내면 된다. 하지만 시설을 짓는 데 건설비가 들고 그만큼을 거주비에 포함해서 청구한다. 1인실형 특별 양호 노인 홈은 거주비 7~8만 엔을 포함해서 한 달 이용료가 14~15만 엔이므로 실질적인 서비스 비용은 거주비를 뺀 나머지인 7~8만 엔 정도다. 따라서 우에무라 씨가 재택 간호를 받았을 때의 본인 부담 비용과 별 차이가 없다. 4인실 등의 다인실은 거주비가 발생하지 않아서 이용료가 거의 절반으로 줄어든다.

이렇게 비용이 비슷한 수준이라면 자기 집에 있는 편이 훨씬 행복하다. 혼자 사는 사람이라면 집 전체가 1인실이니까 말이다. 무엇보다 월세를 낼 필요가 없는 자가 소유자가 굳이 임대료를 내면서 시설에 들어가야 할 필요가 없다. 그 돈을 본인 부담 서비스에 쓴다면 좀 더 훌륭한 케어를 받을 수 있다.

재택사 이야기를 꺼내면 반드시 천정부지로 솟는 비용을 걱정하는 사람들이 있다. 이런 사람들은 임종을 앞둔 고령자에게 누군가가 24시간 꼭 붙어 있어야 한다고 생각한다. 실제로는 임종기라 하더라도 병원과 시설 모두 누군가가 24시간 옆을 지키지 않는다. 몇 시간 간격으로 회진을 돌 뿐이다. 그렇다면 집에서 정기적인 방문 서비스를 받는 것과 다를 게 없다. 병원에 있으면 항시 모니터를 통해 상태 체크는 해주겠지만 어차피 알람이 울려야 간호사가 달려온다. 교대 시간마다 간호사가 바뀌며 시시각각 바쁘게 움직이는 현장에서 모니터에 연결된 상태로 죽는 경우도 있다. 오가사와라 씨는 이를 '병원 내 고독사'라고 부른다. 너무 걱정된다면 집에 긴급 전화를 설치하는 게 낫다. 긴급 전화조차 누를 수 없는 상태라면 호흡, 혈압, 혈중 산소 포화도 등을 측정하는 모니터를 설치하여 의료 센터와 연결하는 원격 시스템 등도 지금의 기술이라면 충분히 가능하다.

다시 한번 말하지만 간병 보험은 애초에 싱글의 재택 간호를 염두에 두지 않았다. 임종기의 QOL(Quality of Life, 삶의

질)을 높이고 싶으면 자비 서비스를 도입하라는 게 정부의 방침인 듯하다. 후생노동성은 건강 보험에 포함되지 않는 자비 서비스와 공비 서비스를 혼합해서 사용할 것을 적극적으로 권하고 있다. 『지역 포괄 케어 시스템 구축을 위한 공적 간병 보험 외 서비스 참고 사례집 : 보험 외 서비스 활용 가이드북(地域包括ケアシステム構築に向けた公的介護保険外サービスの參考事例集 : 保険外サービス活用ガイドブック)』(후생노동성·농림수산성·경제산업성, 2016) 등과 같은 보고서는 '모델 사업'으로서 자비 서비스 제공 업체를 몇 군데나 소개하고 있다.

물론 자비 서비스는 저렴하지 않다. 공정 가격 100% 그대로 제공하는 사업소도 있고 독자적인 요금 체계를 적용하는 곳도 있다. 그중에서도 간병인 지명제로 유명한 그레이스케어기구(グレースケア機構)의 대표 야기모토 후미타카 씨에게 본인 부담비가 가장 많이 나온 재택 간호 사례를 물었다. 최고액은 한 달에 160만 엔이었다고 한다.

놀라운가? 나는 오히려 안심했다. 왜냐하면 하루는 24시간이고 한 달은 30일, 아무리 올라간들 그 이상으로 올라갈 리는 없기 때문이다. 그 금액이 어느 정도 지속되었는지 물으니 약 두 달 반으로 대략 400만 엔이 나왔다고 한다. 임종기는 영원하지 않다. 반드시 끝이 있다. 이 정도의 금액이라면 일본의 중산층 노인은 자신이 모아둔 돈으로 충당할 수 있지 않을까. 오가사와라 씨에 따르면 재택사에 드는 비용은 30만 엔부터 300만 엔에 이른다고 한다. 이 정도의 비용만 있으면 집에서 죽을 수 있다는 말이다. 그뿐이 아니다. 혼자 살며 상속인이 없는 고령자는 사후에 꽤 많은 금액의 자산을 남긴다. 상속인이 없으면 유산은 전액 국고로 들어간다. 어차피 그렇게 될 돈이라면 살아 있을 때 제대로 쓰는 게 낫다.

나중에 오가사와라 씨에게 더 기쁜 이야기를 들었다. 자신은 재택 간호를 많이 하다 보니 이제 건강 보험과 간병 보험의 본인 부담액 범위 안에서 보내드릴 수 있게 되었다는 것이다.

돈이 있는 사람은 있는 대로, 없는 사람은 없는 대로 하면 된다. 미식가에도 A급, B급, C급이 있다. 고급 프랑스 요리나 코스 요리만 미식이 아니다. 각자의 지갑 사정에 맞게 B급, C급 미식을 누리면 된다. 무엇보다 낡은 집이든 쓰레기 집이든, 마지막까지 익숙한 자기 집에서 생활하는 것만큼 행복한 일은 없다.

오가사와라 씨의 말처럼 현장의 경험치는 점점 올라가고 있다. 예전에는 시설이든 방문이든 간호를 두려워하거나 충격을 받는 간병인을 배려해야 했다. 그래서 시설 책임자나 케어 매니저는 임종기 노인에게 베테랑을 배치하거나 직원 수당을 올려주는 등의 노력을 했다. 하지만 현장의 경험치가 올라가면서 고령자의 죽음은 평온하고 서서히 진행된다는 사실을 알게 되었다. 의사가 '죽는 데 의사는 필요 없다'는 내용의 책을 썼듯이, 죽는 데 의사는 필요 없다. 의사는 죽음 이후 사망진단서를 쓸 때 필요할 뿐이다. 주치의가 방문 진료를 하고 있었다면 의사가 입회하지 않고도 사망진단서를 써줄 수 있다.

의사 중에는 자신이 담당하는 환자의 임종에는 반드시 입회하겠다는 생각으로 한밤중이든 새벽이든 왕진을 오는 의사도 있다. 하지만 이미 죽음을 예상하고 있었던 환자라면 가족의 연락을 받아도 날이 밝아서야 환자의 집을 찾는 의사도 있다. 그사이 방문 간호사와 가족이 엔젤 케어(시신 닦기, 화장 등의 사후 처리)를 진행한다.

최근에는 현장에서 이런 이야기를 들었다.

"죽는 순간 의사는 필요 없어요. 저희 간호사만으로 충분합니다."

또 간병인도 이제는 경험이 늘어서 이런 말을 한다.

집에서 혼자 죽기를 권하다

"죽는 순간 의사도, 간호사도 필요 없어요. 저희 간병인만으로 충분합니다."

생각해보면 예전에는 의료인도, 전문 간병인도 아닌 가족이 간병을 도맡았으니 말이 안 되는 것도 아니다.

간병인이 재택 간호를 꺼린다던 말은 이미 옛말이다. 수많은 경험을 쌓은 전문가들이 재택 간호는 평온하다고 자신 있게 말한다.

고령자의 죽음은 서서히 진행된다. 간병인은 평소 노인의 일상을 지켜보기 때문에 그때가 슬슬 오고 있다는 사실을 알아챈다. 떨어져 있는 가족에게 상복을 준비해오라고 말해줄 수도 있다. 그러니 혼자서 죽고 싶지 않고 누군가가 지켜볼 때 죽고 싶다면 그게 불가능한 일은 아니다. 하지만 나처럼 평소에는 혼자 지내던 사람이 임종 때만 친족에게 둘러싸인다고 생각하면 너무 부자연스럽다. 가능하면 조용히 가게 해주면 좋겠다.

| 4장 |

중요한 것은
살아 있을 때
고립되지
않는 것이다

고독사가 두려운 당신에게

"30대에 이혼하고 나서 30년이 흘렀습니다. 아이도 없어서 자유롭게 살아왔는데 노후가 찾아오니 어안이 벙벙합니다. 이대로 살다가 어느 날 고독사할까 봐 불안합니다."

나한테 종종 들어오는 고민 사연이다. 하지만 걱정할 필요 없다.

'고독사'는 유품 정리 회사를 운영하는 요시다 다이치 씨가 베스트셀러 『유품 정리인은 보았다』(황금부엉이, 2009)를 통해 세상에 널리 알렸다. 사후 몇 주, 몇 개월이나 지나서야 발견되는 시신. 여름에는 더위로 시신이 녹으면서 방바닥이 벗겨지기도 하고 고약한 냄새를 풍긴다. 결국 이웃의 신고로 집주인이 문을 열고 들어갔을 때 보게 되는 그 처참한 광경은 읽고 있는 사람에게까지 그 냄새가 느껴질 정도로 생생하다. 하지만 나는 사실 그 책을 읽고 마음 한편으로 안심했다. 왜냐하면 고독사하는 사람들은 압도적으로 남성이 많았고 주로 50대 후반에서 60대였기 때문이다. 그 정도는 고령자라고 할 수도 없다. 즉, 중장년 남성의 문제이지 고령자 여성의 문제는 아니다.

고독사한 사람들은 살아 있을 때부터 이미 고립된 인생을 살았다. 고립된 인생이 고독사라는 결과로 이어졌다. 살아 있는 동안 고립되지 않는다면 고독사를 두려워할 필요가 없다. 싱글 여성은 전혀 두려워하지 않아도 된다고 말할 수도 있다. 왜냐하면 싱글 여성은 싱글 남성과 달리 친구 네트워크를 가진 사람이 많기 때문이다.

이 부분도 참 이해가 안 되는데, 주부는 사회인이라고 부르지 않으면서 회사원은 사회인이라고 부른다. 그런데 정작 오랫동안 사회인으로 살아온 남성이 익힌 '사회성'은 왜 노후에 아무런 도움이 되지 않을까? 정말 알 수가 없다. 어떤 사람

집에서 혼자 죽기를 권하다

은 남성은 '회사인'이지 '사회인'이 아니라고도 한다. 그런 거라면 이해하지 못할 것도 없다. 게다가 남성의 사회성은 전부 이해관계를 바탕으로 해서 이해에서 벗어난 인간관계는 맺지 않는지도 모르겠다. 덧붙이자면 나는 남성을 논리적인 생물이라고 생각해본 적이 없다(웃음). 그들(의 대부분)은 논리가 아니라 이해관계로 움직이기 때문이다.

고립된 인생은 가족의 부재와 관련이 있다. 고독사한 남성에는 비혼과 돌싱이 많다고 한다. 50세까지 한 번도 결혼하지 않은 사람의 비율을 가리키는 생애 비혼율은 남성이 4명 중 1명, 여성이 7명 중 1명에 달했다. 현재 30대의 비혼율은 남성이 3명 중 1명, 여성이 4명 중 1명인데 이 사람들이 이대로 나이를 먹으면 비혼율은 점점 더 올라갈 것이다.

이혼한 사람은 가족을 한 번 형성했던 사람이지만 성별에 따라 그 후의 생활은 크게 달라진다. 일본에서는 이혼 후에 단독 친권만 인정하는데 친권의 80% 이상을 어머니가 가진다. 이혼 여성은 싱글 맘이 될 가능성이 높다. 경제적 문제로 곤란을 겪을 수는 있지만 평생 열심히 키워온 아이와 끈끈한 사이를 유지한다. 한편 일본에서는 이혼 후 아버지가 친권 포기는 물론 위자료도 충분히 주지 않고 줘야 할 양육비도 밀리는 사례가 많다. 즉, 일본의 아버지는 헤어진 가족을 쉽게 버리는데 그 대신 본인도 가족에게 버림받는다. 충분히 의사를 표명할 수 있는 나이의 자녀에게 "아버지와 어머니 중 누구랑 살래?"라고 물었을 때, 아버지는 절대 선택받지 못할 만큼 이미 가정에서 자녀와 소원해져 있는 경우가 많다.

이혼하고 혼자 사는 남성이라고 하면 바로 전설의 프로 야구 선수 기요하라 가즈히로 씨가 떠오른다. 그는 처자식과 헤어진 후 점점 마약에 의존하더니 결국 경찰에 체포되었다. 마약만이 쓸쓸하고 고독한 마음을 채워줬다고 생각하면 소름이 끼친다. 그렇게나 심신을 단련했던 영웅도 이렇게까지 나약해질 수 있구나 싶다.

고독사란 뭘까?

고독사에는 확실한 정의가 없다. 일본 내무성이 발표한 「2017년판 고령사회백서(平成29年版 高齢社会白書)」에는 도쿄도 감찰의무원이 정리한 도쿄 23개 구의 데이터가 있다. 그 자료에 따르면 고독사는 매년 증가 추세로 2015년에 연간

집에서 혼자 죽기를 권하다

3,127명에 이른다. 일본 도시재생기구(옛 일본주택공단)의 데이터에 따르면 2015년에 기구가 관리 및 운영 중인 74만 호 주택 중에 고독사한 거주자는 179건으로, 그중 65세 미만이 거의 4분의 1을 차지했다.

도시재생기구는 고독사를 '단지 내에서 발생한 사망 사건 중 병사 또는 변사의 형태. 단독으로 거주하던 임차인이 누구에게도 간호받지 않고 임대 주택 내에서 사망, 또한 사망 후 상당 기간(1주일 이상) 발견되지 못한 사고(단, 가족이나 지인 등이 일상적으로 지켜본 것으로 밝혀진 경우와 자살 및 타살의 경우는 제외)'라고 정의했다.

그 밖에 고독사에 대한 전국적인 통계가 없는 이유는 지방 자치 단체마다 정의가 다르기 때문이다. '사후 상당 기간이 흘러'라고 말할 때, 도쿄는 24시간인데 다른 지방 자치 단체는 48시간부터 72시간 등으로 다양하다.

지금까지의 각종 통계를 종합해보면 다음의 네 가지 조건을 만족할 때 고독사라고 한다.

① 혼자 사는 사람이 자택에서 죽는다.

② 입회인이 없다.

③ 사건성이 없다.

④ 사후 일정 시간이 지난 후 발견된다.

이제 순서대로 살펴보자.

첫 번째, 혼자 사는 사람의 재택사는 1인 가구 비율이 높아질수록 당연히 더 높아진다. 2015년의 데이터에 따르면, 65세 이상의 고령자를 포함한 세대 중 1인 가구 비율은 고령자로 한정하면 26.3%, 모든 연령층에서는 34.6%에 이른다. 1인 가구 비율은 전 세대에 걸쳐 증가하고 있고 30대의 고독사도 늘고 있다.

전쟁 전부터 전쟁 직후까지는 '고독사'가 아니라 '행려사망'이라는 카테고리가 있었다. 야나기타 구니오의 『일본 명치·대정 시대의 생활 문화사』(소명출판, 2006)에는 도시를 방랑하는 노인이 등장한다. 그 노인의 짐에는 대대로 내려온 선조들의 위패가 고이 들어 있었다. 도시화와 공동체의 해체, 가족의 붕괴를 보여주는 상징적인 모습이었다. 이 노인이 길가에 쓰러져서 발견된다면 '행려사망'으로 분류될 것이다.

두 번째, 입회인이 없는 죽음은 나중에 설명하겠다.

세 번째, 사건성이 없다는 것은 자살이나 타살이 아닌, 즉

집에서 혼자 죽기를 권하다

변사가 아니라는 의미다. 집에서 홀로 죽으면 경찰이 개입해서 일이 커지거나 부검까지 해서 시신도 못 찾는 게 아닌지 걱정하는 사람이 있다. '자살이나 타살이 아닌' 것은 대부분 발견한 사람이 판단할 수 있다. 시신을 발견했을 때 112나 119를 부르지 않으면 된다. 그렇다면 어떻게 해야 하냐고? 이미 사망했다면 굳이 119를 부를 필요가 없고 만약 의문사가 아니라면 112로 전화할 이유도 없다. 그러나 사망진단서를 받지 않으면 화장할 수 없다. 그래서 주치의가 필요하다.

돌연사는 변사에 해당한다. 전날까지 건강하던 사람이 그다음 날 주검으로 발견된다면 당연히 이상하다. 마지막까지 건강하기를 바라는 것은 사실상 돌연사를 희망한다고도 할 수 있다. 젊은 사람에게는 급성 심부전 등의 돌연사가 있을 수 있지만 고령자라면 그런 걱정은 하지 않아도 된다. 나이를 먹으면 간병이 필요한 허약 기간이 반드시 찾아온다. 그때 간병 필요 인정을 받아두면 케어 매니저가 생기고 지병이 있다면 주치의가 붙는다. 천천히 나이를 먹기 때문에 고령자의 죽음은 예측이 가능한 평온한 죽음이다. 따라서 돌연사하는 경우는 적다. 아무리 돌연사를 희망한들 헛일이라는 소리다. 게다가 유족 입장에서도 예상치 않게 어르신이 돌아가시면 후회가 남는다. 돌연사는 피하는 게 상책이다.

케어 매니저와 주치의가 있으면 사망진단서는 써준다. 의료법에는 '사망 전 24시간 안에 환자를 진료'하라고 하지만 현장에서는 좀 더 유연하다. 방문 진료는 통상 2주에 한 번 정도고 죽음이 가까워져도 1주일에 두 번 정도다. 상당한 말기라면 매일 올 수도 있지만 어쨌거나 방문 진료 대상에 들어가 있으면 주치의가 사망진단서를 써준다. 사망진단서에 '심부전'이나 '노쇠'라고 쓴다면 '사실상 사망 원인을 알 수 없다, 언제 죽어도 이상하지 않은 상태였다'는 말이다. 죽어가는 사람을 굳이 죽일 일은 없을 테니 '사건성이 없다'고 판단하면 시신을 옮기고 119나 112는 부르지 않아도 된다. 그 대신 케어 매니저나 방문 간호 스테이션, 주치의에게 전화하면 된다.

간병 서비스가 있는 한 고독사할 일은 없다

네 번째, '사후 일정 시간이 지난 후 발견된다'는 다양하게 정의할 수 있다. 미디어에서 주로 화제로 삼는 '고독사'는 몇 주일이나 몇 개월 동안 발견되지 않은 경우다. 그중에는 몇 년

집에서 혼자 죽기를 권하다

이나 지나서 백골로 발견된 경우도 있다. 간혹 가족이 사는 집에서 노인의 백골이 발견되기도 하는데 그동안 같이 살던 가족은 어떻게 생활한 건지 의심하지 않을 수 없다. 이런 경우는 가족이 연금을 대신 받으려고 사망신고서를 제출하지 않아서 생긴다. 이런 경우라면 '① 혼자 사는 사람의 재택사'라는 정의에 해당하지 않기 때문에 고독사라고 할 수 없다.

이 '사후 일정 시간'은 지방 자치 단체마다 다르다. 도쿄는 24시간을 기준으로 하는데 현장에서는 이 시간을 늘려야 한다는 목소리가 높다. 24시간이 48시간이나 72시간이 된다면 통계 데이터는 금세 바뀔 것이다. 가장 많은 것은 '1주일 이상'이다. 여름이라면 부패가 시작되고 겨울에도 만약 난방 기구가 틀어져 있다면 부패 속도가 빨라진다. 고령자는 욕실에서 죽는 경우가 많은데 만약 온수 유지 장치가 붙어 있는 최신 욕실이라면 욕조 안에서 시신이 녹아버린다고 한다. 상상만 해도 무시무시한 광경이지만 입욕 중에 죽는 것은 어쩌면 본인에게는 행복일지도 모르겠다.

그렇다면 고독사 방지의 핵심은 발견 속도를 앞당기는 것뿐이다. 사후 일정 시간, 그것도 상당한 시간이 지나 발견된다면 누구도 찾아오는 사람이 없고 사회적으로 고립된 인생이었다는 뜻이다. 따라서 '고독사 방지 캠페인'은 '고립 방지 캠페인'이 되어야 한다. 최근에는 '하루 한 번 혼자 사는 고령자의 안부 확인하기' 등을 시작하는 지방 자치 단체가 늘고 있다.

고독은 고립, 동거는 안심이라는 생각에 큰 함정이 있다. 가가와현 다카마쓰시의 고령자 지킴 네트워크의 활동을 보면 그 사실을 알 수 있다. 다카마쓰시는 대담한 지방 자치 개혁으로 유명한데 시가 70개의 민간 사업체와 제휴하여 혼자 사는 고령자를 위한 지킴 네트워크를 구축했다. 이 민간 사업체는 쉽게 떠올릴 수 있는 신문배달원이나 우편집배원 이외에도 전기, 가스, 수도 검침원을 포함하고 있어 감탄했다. 물을 사용하지 않고 생활할 수는 없다. 화장실을 한 번만 사용해도 수도는 돌아간다. 수도 계량기가 돌아가지 않으면 무슨 일이 생겼다고 충분히 생각할 만하다.

지방 자치 단체가 지킴 네트워크 구축에 힘을 쏟는 이유는 고독사라는 불명예스러운 보도를 피하고 싶어서가 아닌가 하는 의심이 들기도 한다. 또한 이 지킴 네트워크에는 함정도 있다. 지방 자치 단체는 1인 고령 가구를 대상으로 하지만 실제로 일어난 고독사는 2건 모두 1인 가구가 아니었다. 하나

집에서 혼자 죽기를 권하다

는 고령의 자매가 함께 실내에서 죽어 있었고 다른 하나는 고령의 어머니와 노년의 장애인 아들이 함께 죽어 있었다. 아마도 어머니가 먼저 쓰러지자 돌봄을 받지 못한 아들이 병고 끝에 죽은 것으로 보였다. 하지만 행정의 지킴 대상은 혼자 사는 고령자뿐이었다. 위 사례는 '가족이 있으면 안심'이라는 맹점을 찌른 경우다. 가족이 있어도 가족 전체가 지역에서 고립된 경우가 종종 있다. 정의상 1인 가구의 재택사에 해당하지 않는 사례는 과연 고독사 통계에 집계되고 있을까?

다카마쓰시의 고령자 간병 심포지엄에 갔을 때, 이 지킴 네트워크에 참여하고 있는 민생 위원의 발언이 인상적이었다. 그분은 "지킴은 감시와 거의 비슷하다"고 말했다. 그러고 보면 전쟁 중에 '맞은편 세 집과 좌우 양쪽 이웃집'이나 '도나리구미隣組, 제2차 세계대전 당시 국민을 통제하기 위해 만든 최말단의 지역 조직 – 옮긴이'라는 상호 감시 시스템이 있었다. 그때는 프라이버시가 없는 숨 막히는 감시 사회였다. 대부분 남겨진 사람들에게 폐를 끼치고 싶지 않다는 생각에서 나온 거지만, 이유야 어쨌든 고독사가 그렇게 불안하다면 집에 감시 카메라나 센서를 설치하면 될 일이다. 24시간 동안 센서가 반응하지 않으면 문을 발로 차서라도 안으로 들어가면 된다. 이거야말로 최강의 감시 사회다.

하지만 사실 이런 걱정도 할 필요가 없다. 거의 모든 고령자가 어쩔 수 없이 겪는 허약 기간에 간병 보험의 도움을 받기 때문이다. 간병 필요 인정 비율은 나이를 먹을수록 올라가서 평균 수명을 넘긴 90세 이상에서는 여성 83%, 남성 67%에 달한다. 70~80% 이상의 고령자가 간병 보험의 도움을 받고 죽는다. 간병 필요 인정을 받으면 케어 매니저가 붙고 방문 간병이 시작되며 데이 서비스에서도 데리러 온다. 1주일에 두 번이라도 다른 사람이 드나든다면 '1주일 이상 지나서 발견되는' 사태는 피할 수 있다.

마지막 순간, 누가 꼭 옆에 있어야 할까?

이제 고독사의 정의 중 마지막으로 하나가 남았다. 바로 두 번째 '입회인이 없는 죽음'이다. 그런데 죽어가는 사람에게 입회인의 유무가 그렇게 중요할까? 혼자 사는 고령자라면 당연히 집에 혼자 있다. 다른 사람이 가끔 오갈 수도 있지만 24시간 내내 누군가가 있을 리는 없다. 싱글은 혼자 살고 혼자 나이를 먹으며 혼자 간병을 받는다. 그러다 어느 날, 혼자

집에서 혼자 죽기를 권하다

죽는다. 이게 그렇게 특별한 일인가? 나도 기본적으로 혼자 있는데 죽을 때만 갑자기 온 친척과 지인에 둘러싸인다고 생각하면 오히려 마음이 불편하다.

가족과 함께 살아도 가족이 자고 있거나 외출하는 경우도 있다. 지방에는 3대가 함께 사는 대가족이 많지만 낮에는 일하러 모두 나가서 간병 필요도 4등급이나 5등급을 받은, 한마디로 자리보전한 고령자가 하루 종일 집에 혼자 있는 일이 흔하다. 요즘은 '며느리'라는 이름의 성인 여성이 24시간 집을 지키지도 않는다. 가족이 미처 지켜보지 못할 때 죽으면 그것도 '입회인이 없는 죽음'이라고 해야 할까?

그래서 시설이나 병원에 있으면 고독사는 피할 수 있다고 생각하는 사람이 많다. 하지만 시설도 직원이 몇 시간 간격으로 보러 올 뿐이다. 간호사가 병실을 순회한 후 다음 순회를 하기 전에 죽을 수도 있다. 병원이라고 간호사가 24시간 주시하지도 않는다. 각종 모니터가 붙어 있으니 이상을 알리는 알람이 울리면 누군가가 달려오겠지만 그도 결국은 기계가 알려주는 죽음이다. 그뿐 아니라 의사가 매뉴얼에 따라 전기 쇼크나 심장 마사지를 시작하면 평온해야 할 죽음이 화재 현장처럼 변할지도 모른다.

일본재택호스피스협회 회장인 오가사와라 씨는 이를 '병원 내 고독사'라고 부른다. 병원이나 시설에 있다고 해서 반드시 '입회인이 있는 죽음'을 보장받지는 않는다.

덧붙이면 오가사와라 씨는 "사람은 죽을 때를 고른다"고 말한다. 사랑하는 손자가 도착하기를 기다렸다가 죽는다든지, 가장 좋아하는 요양보호사가 지켜볼 때 숨이 끊어지는, 정말 실화일까 싶은 에피소드를 수없이 들었다. "어떻게든 장남이 올 때까지 버텨달라"는 가족의 강력한 요구에 무리하게 연명 처치를 하는 일도 있다. 오가사와라 씨는 그동안 혼자 사는 사람을 수없이 간호했지만 혼자서 죽는 사례는 없었다고 주장했다. 하지만 이는 오가사와라 클리닉에서 혼자 사는 사람을 간호한 사례가 적었던 시절의 이야기다. 이제는 사례가 많이 쌓여서 세 자릿수에 달하는 것을 보고 "선생님, 아무도 없는 곳에서 죽는 사람도 있긴 하죠?"라고 물으니 "그렇죠, 이제 다양해요"라고 했다. 아무렴 그렇지 싶었다.

임종관리사를 양성하고 있는 시바타 구미코 씨는 '혼자서 죽게 하지 않겠다', '안아주며 보내겠다'며 나름의 노력을 하고 있다. 시바타 씨는 아무리 힘든 인생을 살아온 사람이라도 마지막 1%가 행복하다면 그 사람의 인생은 성공이며, 그

집에서 혼자 죽기를 권하다

마지막 1%를 도와주는 사람이 임종관리사라고 말한다. 나는 내 책 『케어의 카리스마적 리더들(ケアのカリスマたち)』(2015)에서 그녀와 대담을 나눴는데, 내가 "전 혼자서 죽을 거예요"라고 하자 그녀는 "혼자 두지 않을 거예요. 가실 때는 제가 꼭 안아드릴게요"라고 말했다(웃음).

그런데 고령자 그룹 리빙 홈인 '코코(COCO) 쇼난다이'에서 지내는 사이조 세쓰코 씨에게 들은 이야기다. 말기 암으로 죽어가는 입소인이 있어 마지막까지 한시도 혼자 두지 않겠다는 생각으로 동료들과 돌아가면서 지켰는데, 죽어가던 그 사람이 "가끔은 혼자 있게 해달라"고 요청했다고 한다. 나는 취재를 하면서 이런 에피소드를 들을 때 흥미롭다.

나는 강연 중에 "죽을 때 자녀나 손자에게 둘러싸이고 싶나요?", "누군가가 손을 잡아주면 좋겠나요?"라는 질문을 한다. 그런데 그 반응을 보면 지역 차가 크다. 어느 지방에서는 고령의 한 남성이 자신 있게 손을 들었다. 어느 지방 도시에서는 분위기가 숙연해졌다. 도쿄에서는 500명 이상의 고령 여성이 일제히 고개를 절레절레 흔들었다. 손을 잡아주기를 원한다고 한들 아무나 좋다는 의미는 아닐 것이다. 사랑하는 사람의 손일까, 아니면 요양보호사여도 상관없다는 것일까.

오래 살면 사랑하는 사람이 한 명씩 사라진다. 이는 숙명이다.

임종을 맞을 때, 사람은 주변에 누가 있는지 알 수 있느냐고 호스피스 의사에게 물은 적이 있다. "아니요, 알 수 없어요. 임종 직전에는 뇌 내 마취약이라고 불리는 엔도르핀이 나와서 옆에 누가 있든 상관없어요"라는 답변도 있었고, "누가 손을 잡아줘도 모를 거예요"라는 답변도 있었다. 그래서 "선생님은 죽어본 적이 없는데 어떻게 아시죠?"라고 물으니 죽는 모습을 보고 있으면 알 수 있다고 했다.

오감 중 청각만은 마지막까지 남아 있어서 말을 걸어주는 게 좋다는 의사도 있다. 이런 에피소드도 들었다. 자녀와 손자들이 누워 있는 할아버지를 둘러싸고 말을 걸었더니 할아버지가 확실한 발음으로 "시끄럽다"고 했다는 일화였다. 죽을 때만이라도 조용히 죽게 해달라는 그 기분을 나는 이해한다.

오랜 지인 중에 평생 고독하게 산 싱글 남성을 돗토리시의 호스피스 의사 도쿠나가 스스무 씨에게 소개한 적이 있다. 혀암 수술 이후 목소리를 잃은 지인은 의사와 필담으로 대화를 나누면서 자기 집에서 죽고 싶다는 의사를 전했다. 그는 어느 날 아침 요양보호사가 방문해보니 침대에서 죽어 있었다고

집에서 혼자 죽기를 권하다

한다. 주변을 모두 정리하고 홀로 훌륭하게 죽음을 맞이했다는 이야기를 나중에 들었다. 서예와 전각, 술과 차를 즐겼던 고고한 그에게 어울리는 죽음이었다.

작별 인사와 감사의 말은 미리미리 하자

그렇다면 '입회인 없이 죽을까 봐' 걱정하는 것은 죽어가는 사람일까, 남겨지는 사람일까? 취재하면서 보니 임종을 지켜보고 싶어 하는 쪽은 죽는 사람이 아니라 남겨지는 사람이었다. 나는 이를 '임종 입회 콤플렉스'라고 이름 붙였다. 엄마와 단둘이 살면서 오랫동안 간병해온 지인은 자신이 외출한 사이에 엄마가 돌아가시자 자신을 탓했다. 그렇게 오랫동안 함께 시간을 보냈으니 마지막 잠깐을 놓쳐도 괜찮지 않나 싶었지만 본인은 그 사실을 받아들이지 못했다. 그동안 작별 인사와 감사의 말을 전할 시간은 충분히 있었을 텐데 꼭 죽어가는 사람에게 매달릴 필요는 없지 않을까? 초고령 사회의 죽음은 속도가 느리다. 충분히 예상할 수 있는 죽음이다. 작별 인사와 감사의 말은 기회가 있을 때마다 미리미리 하는 게 좋다.

작가 이시무레 미치코 씨가 임종을 맞았을 때, 오랜 친구이자 둘도 없는 동지였던 와타나베 교지 씨는 자리를 피했다고 들었다. 주변에 있던 사람은 "울러 갔나 봐요"라고 말했지만 정작 당사자는 "작별 인사는 예전에 했다"고 말했다.

임종관리사 시바타 씨는 작가 세토치 자쿠초 씨가 인용한 겐유 소큐의 소설 『아미타바(アミターバ-無量光明)』(2003) 속 문구를 나에게 들려줬다. '사람은 세상을 떠날 때, 25m 수영장을 529번 채울 만한 물도 바로 끓게 할 정도의 에너지를 옆에 있는 사람에게 넘겨준다'라는 문장이 바로 그것이다. 의심 많은 나는 '그걸 어떻게 측정할 수 있지?'라며 갸우뚱했지만, 시바타 씨는 죽은 자가 넘겨주는 에너지를 남아 있는 쪽이 받지 않는 것은 아까운 일이라고 했다. 그런데 사실 이 문장은 임종을 지키려는 것이 어차피 남겨지는 사람의 고집이라는 것을 말해주는 것 같다.

호주에서 간병 일을 하는 친구가 이런 이야기를 전해주었다. 영국에 사는 아들이 죽음을 앞둔 어머니를 방문했다. 호주 사람들은 영어권에 일자리가 있으면 전 세계 어디든지 이주한다. 그래서 세계 각지에 뿔뿔이 흩어져 있는 가족도 많다. 그 어머니가 반년 후에 돌아가시자 간병인이 영국에 사는 아

집에서 혼자 죽기를 권하다

들에게 연락을 취했다. 아들은 "작별 인사는 이미 해두었으니, 장례식은 그쪽에서 알아서 해주세요"라고 말했다. 지인은 "그렇게도 하더라고요. 일본인인 저는 좀 이해하기 힘들었지만⋯⋯"이라고 했다. 어쩌면 이런 모습이 일본의 미래일지도 모른다.

나는 이제 작별 인사와 감사의 말은 상대의 귀가 들릴 때, 들을 수 있는 곳에서 몇 번이고 하는 게 좋다고 생각한다. 죽어가는 사람을 붙잡고 "엄마의 자식이라서 행복했어요"라며 눈물을 흘리기보다는 아프기 전에 말해주는 게 좋다. 일본인은 특히 가족 간에는 부끄럽다고 좀처럼 그런 말을 하지 못하는데, 언젠가는 해야지 하고 생각만 하다가 부모님이 치매에 걸리고 상태가 점점 나빠져버리기도 한다. '부모님의 정신이 온전할 때 물어볼걸', '이런 말도 해드릴걸' 하고 후회하느니 좀 더 빨리 몇 번이고 말해드리자. 나는 요즘 친구들에게도 "그때 네가 친절하게 대해준 일을 잊을 수가 없어", "너의 이런 점이 좋아"라고 말해주기 시작했다. 죽고 난 후에 장례식에서 아무리 훌륭한 조사(弔詞)를 읽는들 죽은 이의 귀에는 들리지 않는다. 비슷한 연배의 동료들을 만나면 '다음에 만날 때도 모두 살아 있을까'라는 생각이 드는데, 다음에 또 만나게 되면 "다시 만나 기쁘다"라며 진심으로 기뻐하면 된다.

혼자서 죽는 게 뭐가 나쁘죠?

혼자 사는 노인이 혼자서 죽는 게 뭐가 나쁜가. 이런 죽음을 고독사라고 부르기 싫어서 그냥 속 시원하게 '재택사'라는 말을 만들어버렸다. 현재 일본에서는 나 말고 사용하는 사람이 없어서 저작권 마크(ⓒ)를 붙였다. 아니, 사실은 농담이다. 저작권 따위 쩨쩨하게 굴 생각은 없고 더 많은 사람이 사용해서 널리 퍼졌으면 좋겠다.

간호사 스가하라 유미 씨는 방문 간호 업계를 이끌고 있으며 '캔너스(CANNUS)'라는 방문 간호사 모임을 만들었다. 캔너스에서 발행하는 뉴스레터에서 "입회인이 없는 죽음을 고독사라고 부르지 말자"라는 글을 봤다. 전적으로 동감한다. 고독사의 정의를 바꾸면 고독사 통계는 간단히 바뀐다. 조사 방법이나 선택지 카테고리를 바꾸면 통계 데이터는 바뀐다. 간병 필요 인정도 '간병 필요 고령자' 수에서 '지원 필요 고령자'를 빼버리면 간병 필요 고령자의 수가 감소한다. 그중 고

집에서 혼자 죽기를 권하다

령자의 정의를 '75세 이상'으로 변경한다면(일본노년학회가 이미 제언 중이다) 고령화율의 수치도 달라진다.

고독사를 없애자는 캠페인은 사후에 빨리 발견하는 시스템을 만들면 성공할 수 있다. 그러나 진짜 중요한 것은 사후에 빨리 발견되는 게 아니라 살아생전에 고립되지 않는 것이라는 점을 잊어서는 안 된다.

5장

치매에 걸려도
집에서 혼자
죽을 수 있을까?

치매 공포가 퍼지고 있다

나는 전작 『누구나 혼자인 시대의 죽음』에서 치매 돌봄 현장을 애써 외면했다고 고백한 바 있다. "재택 간호는 충분히 가능하다", "혼자 살아도 가능하다", "암이라면 더 쉽다"라고 말했는데 그것도 다 자기 결정 능력이 있을 때의 이야기다. 만약 자기 결정 능력을 잃게 된다면? 치매는 증세가 심해지면 집에서 돌볼 수 없다. 하물며 혼자 사는 것은 무리고 시설에 들어가는 것을 당연하게 여긴다.

전문가에게 "치매여도 집에서 혼자 죽을 수 있을까요?"라고 물으니 "아무래도 좀 어렵지 않을까요?"라는 대답이 돌아왔다. 어쩌면 혼자 사는 치매 환자의 재택 케어는 케어 중에서도 가장 장벽이 높은 케어, 이른바 '케어의 최고봉'일지도 모른다. 그래서 슬쩍 '최고봉 탐험'에 나서본 게 전작이다.

사실 내가 "피하고 싶다"라고 한 말은 돌려서 표현한 거다. 정확히 말하면 보고 싶지도, 듣고 싶지도, 생각하고 싶지도 않다는, 결국 인정하기 싫은 마음이었다. 마주하고 싶지 않은 이유는 우선 치매 고령자가 받는 대우가 얼마나 비참한지 알기 때문이다. 둘째로는 나도 치매에 걸릴지 모른다는 공포심이고 셋째로는 내가 치매에 편견이 있다는 점이었다.

세상에는 치매에 대한 공포심을 부채질하는 말이 많다. 아리요시 사와코 씨의 소설 『황홀한 사람』(청미, 2021)이 가장 고전적이다. 일본에서 1972년에 처음 출간된 이 책은 자신의 변을 만지작거리는 남성 치매 고령자를 사실적으로 묘사하여 독자를 공포에 떨게 했다.

그 후에도 '조기 발견, 조기 치료'라는 구호가 '조기 발견, 조기 절망'으로 바꿔 불리는 등, 고령자와 그 예비군의 공포심을 부채질하고 있다. 치매가 진행되면 언젠가 폐인이 된다고 생각하는 분위기다. 치매는 아직 그 원인이나 예방법, 치료법이 밝혀지지 않았다. 지금의 치매약은 진행을 늦출 뿐, 치료 약은 아니다. 또 어떤 이는 나이를 먹는 자연스러운 현상이라고 말하기도 한다. 생각해보면 옛날에는 '할아버지가 노망이 났다'로 끝났는데 '치매'라는 진단명이 붙자마자 환자 취급을 받게 되었다(물론 치매에도 여러 가지가 있다. 레비소체형 치매 등 확실한 이상 행동이나 증상을 보이는 치매는 병이라고 말할 수 있다).

치매 환자 700만 명 시대가 왔다

일본 후생노동성은 2025년이 되면 치매 환자 700만 명 시대에 접어들며 고령자 4명 중 1명이 치매 환자가 될 거라고 예상했다. 이에 2012년에는 '치매 시책 추진 5개년 계획(통칭 '오렌지플랜')'을, 2015년에는 '치매 시책 추진 종합 전략 : 치매 고령자 등을 위한 지역 만들기(통칭 '신오렌지플랜')'를 발표했다. 후기 고령자가 되면 치매 발생률이 올라가고 시설 입소인의 80% 이상이 치매 환자가 될 거라고 주장하는 전문가도 있다. 발병률은 5명 중 1명으로 내려가지만 고령자가 늘어나고 있어서 2017년에는 800만 명, 2025년에는 1,000만 명을 넘을 거라는 새로운 예측도 나오고 있다.

후생노동성은 '치매 환자 700만 명 시대'를 대비하여 '신오렌지플랜'을 제시했다. 의료 복지 저널리스트인 오쿠마 유키 씨는 이 정책을 동화 『백설 공주』에 나오는 독이 든 사과 대신 '독이 든 케이크'라고 부른다. 또한 정신과 의사 다카기 슌스케 씨는 오렌지를 비꼬아 '독이 든 귤'이라고 부르기도 했다. 앞으로 그 수가 엄청나게 늘어나리라 예상되는 치매 환자를 가정과 시설에서 돌볼 수 없을 때, 그들을 기다리는 곳은 정신 병원과 제약 회사가 될 테니까.

다카기 씨는 이렇게 말한다.

"우리가 모르는 사이에 다시 대수용의 시대가 서서히 다가오고 있다. 신오렌지플랜은 교묘하게 독을 넣은 과일이다. 독이 든 사과가 아니라 독이 든 오렌지다. 아직 국민의 대다수가 자신과는 상관없다고 착각하는, 모르는 게 약인 독이 든 귤이다. 그리고 이 나라에서 늙어가는 우리는 어느 맑은 날 아침, 갑자기 정신 병원 보호실에서 몸이 묶인 채 눈을 뜰 것이다"(「백설 공주의 독이 든 사과, 모르는 게 약인 독이 든 귤 : 신오렌지플랜과 치매 대수용 시대의 도래(白雪姫の毒リンゴ、知らぬが仏の

집에서 혼자 죽기를 권하다

毒みかん 新オレンジプランと認知症大収容時代の到来)」〈정신의료
(精神医療)〉80호, 2015).

　일본은 정신 병원이 인구수 대비 병상 수가 다른 나라보다
압도적으로 많고 평균 입원 기간도 매우 길다. 요즘 정신 의
료 개혁의 바람을 타고 '입원 기간을 단축하자', '환자를 지역
사회로 복귀시키자'는 움직임이 본격화하고 있다. 하지만 입
원 환자를 내보내고 나서 다시 병실을 채우지 못하면 경영에
문제가 생긴다. 이때 딱 알맞은 환자가 바로 치매 고령자이
다. 환자가 줄자 병동을 치매 환자 지원 시설로 바꾸는 병원
도 있다. 하지만 고령자 시설이라고는 해도 애당초 병원 안에
있는 병실이다. 사실상 입원과 다를 바 없다.

환자는 시설에서 어떤 대우를 받을까?

정신 병원은 가족과 시설 모두에 처치 곤란인 환자를 받아
주는데, 그럼 치매 환자는 정신 병원에서 어떤 '치료'를 받을
까? BPSD(행동 심리 증상)라는 문제 행동(폭언과 폭행, 자신과 타
인에 대한 공격성, 환청과 망상, 이식증과 농변 등)을 억제하는 수단

은 두 가지다. 하나는 신체 구속이나 실내 격리와 같은 물리적 행동 억제다. 또 다른 하나는 향정신성 약물을 투여하는 생리적 행동 억제다. 폭언과 폭행이라고는 해도 대부분 "여기가 어디냐", "집에 보내달라", "밖에 나가고 싶다" 등의 당연한 요구다. 대부분 가족한테 속아서 오기 때문에 "집에 가고 싶다"는 요구는 지당하다. 정신 병원에서는 이러한 행동을 신체적 구속과 약물 투여로 억제한다. 환자는 확실히 얌전해지지만 반대로 생기는 잃는다.

정신 병원이 아닌 고령자 시설에서도 치매 환자가 받는 처우는 매한가지다. "밖에 나가고 싶다"는 환자(건강하다면 당연히 산책도 하고 싶을 것이다)를 자유롭게 외출하게 해주고 지칠 때까지 직원이 함께 다녀주는 시설은 미담이 될 정도로 희귀하다. 그런 일까지 하면 일손이 부족해서 버틸 수 없다는 것이 시설 측의 입장이다.

도쿄의 어느 고급 노인 시설에 갔더니 치매 환자가 복도를 왔다 갔다 하고 있었다. 그분이 거주하는 공간은 고층이었고 엘리베이터에는 암호가 필요해서 자유로운 출입이 불가능했다. 직원에게 물으니 "산책하고 싶다고 하시길래 복도를 걸으시라고 했어요"라고 했다. 밖에는 밝은 햇볕이 내리쬐고 있었다. 개중에는 회로를 만들어 빙빙 돌 수 있도록 해둔 시설도 있다. 하지만 그 아무리 훌륭한 설계라고 해도 실내보다는 밖에 나가는 게 훨씬 기쁠 것이다. 치매에 걸리면 어쩔 수 없는 걸까? 나는 망연자실했다.

또 다른 하나는 약물 투여다. 알츠하이머의 진행을 억제한다고 알려진 도네페질 등은 한 번 먹기 시작하면 평생 먹어야 한다는 점에서 고혈압 약이나 당뇨병 약과 똑같다. 게다가 병이 진행될수록 투약하는 양은 점점 늘어간다. '치매 환자 700만 명 시대'는 거대한 시장이기 때문에 제약 회사가 만반의 준비를 하는 것도 무리가 아니다. 하지만 히가시다 쓰토무 씨의 『치매의 진실(認知症の「真実」)』(2014)을 보면 투약하는 양이 늘어서 좋을 게 하나도 없다고 한다. 나는 이 글을 읽고 놀랐다. 약을 먹으면 의식 상태가 저하되면서 환자가 얌전해지지만 약이 뇌 활동을 억제한다고 한다. 실제로 주변에서 들려오는 말은 약을 줄이거나 아예 끊은 이후에 오히려 상태가 개선되었다는 이야기뿐이다.

젊은 지인 중 한 사람은 어머니를 만나러 시설에 갈 때마다 어머니의 표정이 사라지고 있다는 사실을 눈치챘다. 아무래도 약을 먹고 있는 것 같은데 무슨 약인지 알려달라고 해도 신통한 답변을 들을 수 없었다. 이대로라면 어머니가 폐인이 될 것 같아서 딸은 어머니를 시설에서 빼내기 위해 여기저기 알아봤다. 그 이야기를 들으면서 나는 등골이 오싹해졌다. 이 어머니에게는 이렇게 걱정해주는 딸이 있지만 싱글인 내게는 그런 딸이 없기 때문이다. 앞으로 내가 어떻게 될지 걱정되었다.

최근에 '케모브레인(chemobrain)'이라는 전문 용어를 알게 되었다. 곤도 마코토 씨의 최근작 『이 약이 치매를 만들어 낸다! '케모브레인'이 되지 않는 13가지 지혜(このクスリがボケを生む! 「ケモブレイン」にならない13の知恵)』(2019)에 나온다. 이 용어는 약으로 생긴 뇌 장애를 가리키는 신조어인데 이런 말이 생겨날 정도로 서양에서는 널리 알려져 있다고 한다. 여기에는 치매 약과 고혈압 약, 콜레스테롤 억제제 등 한 번 먹기 시작하면 멈출 수 없는 약이 대다수 포함되어 있다. 2019년 '좀 더 나은 고령 사회를 만드는 여성 모임'이 '고령자의 약 복용에 관한 실태 조사'를 실시하고 보고서를 제출했다. 약에 의존하는 사람들이 많다는 사실은 이미 알고 있지만 답변자 중에는 의사 몰래 약을 버리는 사람도 상당수 있었다. 최근에는 다양한 직종을 모아놓은 간병팀에 약사도 포함하

집에서 혼자 죽기를 권하다

자는 움직임이 대두되고 있는데, 만약 나에게 간병이 필요하게 된다면 약에 대해서는 맡기고 싶지 않다.

그래서 요즘에는 강연 때 이런 이야기를 한다.

"여기 모인 사람 5명 중 1명이 치매에 걸린다고 하면 누가 될까요? 그 사람을 기다리고 있는 것이 신체적 구속 아니면 약물 투여라고 한다면 어느 쪽이 좋을까요?"

고령자 5명 중 1명을 기다리는 게 물리적 혹은 생리적인 행동 억제라는 이름의 학대라면 너무 가혹한 일이다.

피난처를 원하는 것은 환자의 가족

오쿠마 가즈오 씨는 정신 병동 잠입 취재를 나간 적이 있는데 병동 가장 깊숙한 곳에 자리한 '더러운 방'이라는 곳을 보고 아연실색했다고 한다. 자물쇠를 채운 그 감옥 같은 방에는 한 치매 노인이 자신의 오물로 뒤덮인 채 지내고 있었다. 최근에는 이런 일이 사라진 듯하지만 그 대신 폭언과 폭행을 억제하는 약을 먹고 무기력 상태에 빠진 송장 같은 치매 환자를 볼 수 있다.

〈아사히신문〉토요일판에 의료, 간호, 간병 전문직 종사자들이 자신이 겪은 고령자 간호 에피소드를 릴레이로 연재했다. 칼럼 제목은 '각각의 최종 악장'이었다. 2019년 3월부터 4월까지는 소데가우라사쓰키다이병원(袖ケ浦さつき台病院)의 치매 의료 센터장인 호소이 나오히토 씨의 글이 실렸다. 이 병원에는 내과와 외과 외에도 정신 병동과 치매 병동 병실이 총 218개가 있다. 병실 총 409개 중 절반 이상인 것을 보면 애초에 얼마나 정신과 병상에 의존하고 있었는지를 추측할 수 있다. 지금은 그 정신과 병상의 일부를 '치매 치료 병동'으로 전환했는데, 아직 치매 치료법은 없기 때문에 '치매 치료'라는 말은 오해를 부를 수 있다.

나는 그곳에서 치매 환자가 어떤 처우를 받고 어떻게 죽음을 맞는지가 궁금해서 호소이 씨의 칼럼을 매번 꼼꼼하게 읽어봤지만 결국 구체적인 '치료' 내용이나 실제 환자의 이야기는 없었다. 칼럼을 읽고 알게 된 내용은 "정신과가 달리 받아줄 곳이 없는 치매 환자의 피난처가 되었다"는 '실태'와 "치매 환자를 정신과에 장기 입원시키는 것을 사람들이 비판하지만 현실적으로 이런 피난처가 너무나 필요하다. 앞으로도 치매 환자가 '있을 곳'과 '죽을 곳'을 제공하겠다"라는 호소

집에서 혼자 죽기를 권하다

이 씨의 각오였다. 하지만 피난처를 원하는 사람은 치매 환자가 아니라 가족이다. 치매 병동은 환자를 돕는 게 아니다. 가족과 제도의 부족한 부분을 메워주고 있을 뿐이다. 나는 이런 사실을 여섯 번의 연재 칼럼을 읽고 깨달았다.

혼자 사는 치매 환자의 상태가 좋은 이유

대부분의 치매 환자는 가족의 결정으로 시설에 들어간다. 여기에는 그만한 이유가 있다. 대부분 치매 증상으로 의사 결정 능력이 없기 때문이다. 속아서 끌려온 치매 고령자가 "나가게 해달라", "집에 가고 싶다"고 하는 것은 당연하며 이는 '망상'도 '폭언'도 아니다. 만약 혼자 사는 사람이었다면? 약을 사용하지 않는 정신과 의사로 유명한 치매 전문의 다카하시 유키오 씨의 '조종 이론'에 따르면, 문제 행동은 모두 '조종'을 받는데 그 원인을 만드는 누군가가 반드시 주변에 있다고 한다(『치매는 두렵지 않다 : 올바른 지식과 이해에서 생겨나는 케어(認知症はこわくない : 正しい知識と理解から生まれるケア)』(2014).

그렇다면 혼자 사는 치매 환자는 누군가의 '조종'이 없는 환경에 있는 것이다. 역학적으로 증명할 수 있을 정도로 사례가 많지는 않지만 다카하시 씨는 자신이 경험한 임상 사례를 통해 "혼자 사는 치매 환자의 BPSD는 가볍다는 인상을 받았다. 확실히 흥분이나 폭력은 적고 간병을 거부하거나 집으로 돌아간다는 망상, 사람을 착각하는 망상, 물건 도난 망상이나 질투 망상 등도 많지 않다"고 했다. 그리고 "가족과 함께 사는 경우와 달리, 혼자 사는 치매 환자는 매일 지적을 받지(혼나지) 않기 때문에 스트레스가 극히 적다"고 했다.

아, 다행이다! 다카하시 씨뿐만 아니라 치매 대응 업무를 하는 다른 많은 의사의 이야기를 들어봐도 혼자 사는 치매 환자가 훨씬 증상이 가볍고 즐겁게 살고 있었다(물론 개인차는 있지만).

그래서 치매 환자가 혼자서 살 수 있냐고? 생활 습관을 유지할 수 없게 되어도 방문 간병인이 있다면 식사와 입욕이 모두 가능하다. 친근한 간병인이 있다면 시설처럼 저항할 일도 없다. 스스로 식사 준비를 할 수 없게 되면 배식 서비스를 부탁하면 된다. 치매 환자도 음식만 제공해주면 혼자서 제대로 먹을 수 있다. 식욕은 삶의 욕구 중 가장 기본이다. 먹을 수 있

집에서 혼자 죽기를 권하다

는 동안은 잘 먹으면서 즐겁게 지내다가 먹는 게 어려워지거나 누워 지내게 되면, 그때는 치매가 있든 없든 필요한 간병은 똑같다. 실제로 혼자 사는 치매 고령자가 집에서 임종을 맞는 사례도 점점 늘어나고 있다.

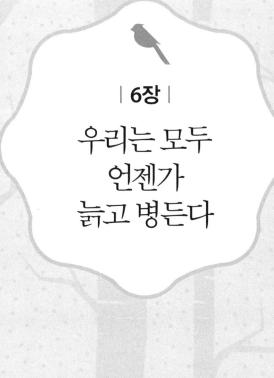

| 6장 |

우리는 모두
언젠가
늙고 병든다

누가 걸릴지 알 수 없는 치매

'2025년 문제'의 또 하나는 단카이 세대가 모두 후기 고령자가 되고 거기에 더해 '치매 환자 700만 명 시대', 즉 고령자 5명 중 1명이 치매인 시대가 된다는 점이다. 누가 치매에 걸릴지는 확률의 문제라는 생각이 든다. 치매 환자를 역학적으로 연구하면 당뇨병이나 난청 환자가 치매에 걸릴 가능성이 크고 사회 네트워크가 있는 사람은 치매에 걸릴 가능성이 낮다는 등의 여러 데이터가 나돌고 있다. 인지 능력이 쇠퇴하지 않도록 '두뇌 체조' 등을 열심히 지도하는 데이 서비스도 있다.

하지만 무슨 짓을 하든 다 쓸데없다고 생각한다. '설마 그분이?'라고 생각할 만큼 지적 능력이 뛰어나고 호기심이 강했던 학자 선배들이 치매 환자가 되는 모습을 많이 봤기 때문이다. 치매 전문가로 유명한 정신과 의사 하세가와 가즈오 씨가 치매에 걸렸다고 공표할 정도니까 말이다.

그뿐인가. 치매 시설 등을 가보면 무슨 까닭인지 입소자 중에는 '선생님'이라 불리던 사람이 많다. 전직 '선생님'이라니, 그야말로 내 얘기다. 그렇다면 나도 치매에 걸릴 가능성이 있다고 생각해두는 게 좋다. 그리고 치매에 안 걸리려고 쓸데없는 노력을 하기보다는 치매에 걸렸을 때 그 사실을 받아들이고 대응 방안을 생각해두는 편이 낫다고 생각하게 되었다.

가족의 각오만 있다면
치매여도 혼자 살 수 있어요

혼자 사는 치매 고령자에 대해 이야기할 때면 케어 매니저나 요양보호사는 '재택의 한계'를 자주 말한다. '재택의 한계'란

집에서 혼자 죽기를 권하다

도대체 무엇일까? 그 한계를 언제, 누가, 어떻게 판단하는 걸까? 그 '한계' 밖에는 병원이나 시설이 기다리고 있는 걸까?

어느 날 케어 매니저, 요양보호사들과 스터디 모임을 하는데 '재택의 한계'라는 말이 나왔다. 나는 그게 구체적으로 어떤 것인지 묻고 늘어졌다. 그러자 '이식(異食) 행동'이라는 답변이 나왔다. '이식'이라니, 군이 이렇게 알아듣기 어려운 전문 용어 말고 '이상한 것을 입에 넣는다' 정도면 될 것을. 그런데 "그 '이식'이 뭘 먹었다는 얘긴가요?"라고 다시 한번 물으니, "한밤중에 배가 고팠는지 냉동식품을 건드린 것 같아요"라고 했다. 그게 뭐가 문제라는 거지? 냉동식품 좀 갉아먹었다고 해서 죽는 것도 아닌데 말이다. 딱딱하고 차가우니 어차피 도중에 그만뒀을 것이다. 게다가 냉동실에는 음식이 있다는 사실을 인지하고 있다는 증거이기도 하다. 세제 같은 걸 마셨다고 해도 냄새나 맛 때문에 결국 토해낼 것이다. 치사량에 이를 때까지 마실 리는 없다.

또 이런 일도 있었다. 어느 여름날, 요양보호사가 집을 방문했는데 노인이 알몸으로 나왔다고 한다. 그해 여름은 엄청 더웠다. 게다가 노인들은 에어컨을 잘 안 트는 경우가 많다. 샤워하고 나서 옷을 걸치지 않고 그냥 지내는 사람도 있는데 막상 해보면 사실 그렇게 기분 좋은 일도 없다. 노인에게는 노인 나름대로 옷을 벗고 있는 이유가 있고 그렇게 해야 또 살아갈 수 있다.

서둘러 덧붙이지만, 치매 환자가 아닌 멀쩡한 남성 고령자가 알몸으로 여성 요양보호사를 맞는다면 당연히 성추행이다. 후지와라 루카 씨는 『요양보호사는 출장 접대부가 아니다 : 재택의 실태와 갑질(介護ヘルパーはデリヘルじゃない : 在宅の実態とハラスメント)』(2019)이라는 고발서를 통해 방문 간병 현장에서 일어난 다양한 성추행 사례를 소개했다. 아무리 간병 비용을 내더라도 요양보호사가 성추행을 감수해야 할 이유는 전혀 없다. 너무나 당연한 말이지만.

"노인이 집에서 발가벗고 있는 게 뭐가 문제죠? 누구한테 피해를 주나요?"라고 나는 또 물고 늘어졌다. 본인에게는 문제 될 게 전혀 없고 그저 기분이 좋아서 그럴 뿐이다. 요양보호사는 놀랄지도 모르겠지만 집은 애초에 사적인 공간이다. 그 상태로 밖에 나가지 않는다면 아무런 문제가 없다. 치매 환자라고 해도 춥다는 느낌이 들면 뭔가 걸칠 테고 밖에 나갈 때는 신발도 신을 것이다. "누가 곤란한가요?"라고 또 추궁했더니 케어 매니저 한 사람이 괴롭다는 듯이 "저희가 곤란해요”라고 말했다.

그건 맞는 말이다. '주변의 눈'이 그들을 비난하기 때문이다. "그런 상태로 놔두나요?", "다른 사람 생각은 안 하세요?", "가족들도 참 문제네요"라는 '제3자의 목소리'가 쏟아질 테고 간병인들은 이런 상황을 이미 예상하고 있었다.

난처해진 케어 매니저가 내게 반격하기도 했다.

"그렇다면 우에노 씨는 자신이 그래도 괜찮아요?"

나의 대답은 '예스'다. 괜찮지 않나? 내 기분이 좋다면 그대로 받아줬으면 좋겠다. 약간 보기 괴로울 수는 있지만 그것은 주변의 생각이지 내가 아니다. 결국에는 적응하게 된다.

치매의 '이상 행동' 중 또 하나는 배변, 배뇨 문제다. 해서는 안 될 장소에서 소변이나 대변을 보는데 여기에도 이유는 분명하다. 배변, 배뇨 사인이 적절하게 뇌로 전달되지 않았거나 화장실 위치를 몰라서, 또는 화장실을 찾다가 다급해져서 실수를 한다. 본인도 그게 실수라는 걸 인지하는지 배설물을 숨겼다는 에피소드는 지금도 끊임없이 듣는다.

이런 사례도 들었다. 치매인 아버지는 혼자 살고 아들과 며느리는 근처의 신축 주택에서 살고 있는데, 아버지가 방이나 복도에서 볼일을 볼 때가 많아 집에 들어가면 악취가 코를 찔

렀다. 하지만 방문 요양보호사가 묵묵히 그 뒤처리를 해주고 있다고 한다. 주변에서는 아버지를 왜 집으로 모시지 않느냐는 듯한 눈길로 아들 부부를 쳐다보지만, 아들은 케어 매니저와 상담 후 아버지 집은 아버지의 것이니 배설물투성이든 뭐든 하고 싶으신 대로 하셔도 된다고 마음을 정했다고 한다. 아들은 그런 방식으로 아내를, 아니 자신과 아내의 부부 관계를 지켜냈다.

이 이야기를 해준 케어 매니저는 진지하게 말했다.

"가족의 각오만 있다면 치매여도 혼자 살 수 있어요."

치매는 자기 책임?

치매 전문의 기노시타 도루 씨는 현재의 치매 케어에 엄청나게 분노하는 사람 중 한 명이다. 그는 치매는 병이 아니고 노화 현상의 일종이라고 말한다. 또한 치매 증상은 중핵 증상과 주변 증상으로 구분할 수 있는데 인지 장애는 중핵 증상에 속하지만 주변 증상은 애초에 '증상'이라고 할 수도 없다고 말한다. 약을 사용하지 않는 정신과 의사로 유명한 다카하시 유

집에서 혼자 죽기를 권하다

키오 씨가 『치매는 두렵지 않다』에서 지적하는 것처럼 BPSD에는 반드시 그런 문제 행동을 일으키는 '조종 장치'가 있고 치매 환자의 분노와 슬픔, 분한 마음 등이 문제 행동으로 나타난다. 실제로 나치 수용소에서 살아 돌아온 빅터 프랭클이 "이상한 환경 안에서는 이상한 반응이 정상이다"(『죽음의 수용소에서』 청아출판사, 2005)라고 지적한 그대로다. 속아서 시설에 들어온 치매 고령자가 집에 가겠다고 난동을 부리는 게 과연 '이상 행동'일까? 그건 당연하고도 필사적인 호소다.

그래서 기노시타 씨는 치매를 병이라고도 생각하지 않는다. 누구나 걸릴 수 있기 때문에 예방도 무의미하다. 두뇌 체조 따위를 해봤자 예방 효과도 없고 재미조차 없다.

나는 치매 예방이라는 말을 들을 때마다 기분이 나쁘다. 잡지에는 '치매 예방을 위해 지금 당장 시작해야 할 일' 따위가 실려 있고 '지금부터 따라 해도 늦지 않은 치매 예방' 따위의 강연회는 늘 만석이다. 치매는 무섭고 난처한 병이라며 공포심을 조장하는 보도도 너무 많다. '조기 발견, 조기 절망'이라는 말도 들린다.

당뇨병이나 난청, 수면 무호흡증, 치주병 등이 치매와 연관이 있다고 하지만 역학적인 관련성일 뿐 진짜 원인은 아직 아무도 모른다. 같은 증상이 있어도 치매에 걸리지 않는 사람도 있다. 그보다는 이런 데이터가 늘어날수록 치매를 '자신의 책임'으로 돌리는 사고방식이 널리 퍼질까 봐 걱정스럽다.

"매일 운동을 하자", "사람들과 교류하자", "생활 습관병을 예방, 치료하자" 등의 말도 자주 듣는데, 이제는 치매에 걸리면 "그러니까 말했잖아요. 자기 관리를 안 해서 그래요"라는 말을 듣게 되는 게 아닐까. 물론 운동과 사회적 교류, 생활 습관병 예방은 안 하는 것보다 하는 게 낫다. 하지만 그렇다고 해서 치매에 안 걸린다는 말은 아니다.

우리 어머니가 암에 걸렸을 때, 현미 채식주의자인 친구가 "그러니까 내가 말했잖아. 현미밥을 안 드셔서 그래"라고 단언했다. 하지만 그녀도 나중에 암에 걸렸다. 암도 자기 책임이라고 한다면 정말 곤란하다.

매일 조깅하고 호기심이 강하며 친구가 많은데도 치매에 걸린 사람을 나는 몇 명이나 알고 있다. 무엇보다 치매 진단 검사인 '하세가와 치매 척도'를 만든 의사 하세가와 가즈오 씨도 치매에 걸렸다고 공개한 마당이다. 2019년 9월 26일자 〈아사히신문〉에는 하세가와 씨의 일상이 보도되었다. 그의 아내에 따르면 그는 이제 실수해도 금세 잊어버리기 때문에

집에서 혼자 죽기를 권하다

우울해하지 않는다고 한다. 이것이 기억 장애라는 '치매의 효용'일 것이다.

치매에 걸리면 안락사를 시켜달라는 사람도 있는데 치매에 걸린 정도로는 죽을 만한 이유가 되지 않는다. 최근에는 치매 당사자의 발언도 늘어났다. 치매 당사자는 무엇을 어떻게 느낄까, 어떤 취급을 받는 것이 싫을까, 어떤 대우를 받고 싶을까. 사토 마사히코 씨는 "치매는 불편하지만 불행하지는 않다. 조금만 도움을 받으면 혼자서도 살아갈 수 있다"고 말했다. 39세에 청년성 치매를 진단받은 단노 도모후미 씨는 기억 장애가 진행 중인데 이전보다 웃는 일이 늘었다고 말한다. 단노 씨의 주치의인 치매 전문의 야마자키 히데키 씨는 '치매 환자는 무엇을 할 수 있나?'가 아니라 '치매 환자와 무엇을 할 수 있나?'를 생각해야 한다고 말한다. 즉, 치매에 걸리거나 말거나 '함께' 울고 웃으면서, 가능한 한 많이 웃으면서 살아가면 된다.

혼자 사는 노인의 치매 케어는 넘기 힘든 장벽이었다. 그런데 최근에는 아예 『치매에 걸려도 혼자 살 수 있다(認知症になってもひとりで暮らせる)』(2019)라는 책이 나왔다. 이 책은 나라 시에서 요양 시설 '아스나라엔(あすなら苑)'을 경영하고 있는 사회복지법인이 그동안의 활동을 기록한 것이다. 나는 추천사를 부탁받아서 이렇게 썼다.

"집에서 홀로 죽는 것을 주장하자, 무리라는 말을 들었습니다. 혼자 사는 사람의 치매 케어도 무리라는 말을 들었습니다. 아스나라엔의 실천은 '불가능'을 '가능'으로 바꾸는 실천입니다."

이 책에는 홋카이도 비에이정에서 사회복지법인을 운영하는 아베 신이치 씨도 등장한다. 그는 책에서 "예전에 케어 매니저로 일할 때 가장 골치 아팠던 것은 '혼자 사는 치매 노인'을 어떻게 지원해야 할지였다"라고 말했다. 그뿐만 아니라 가족과 함께 살아도 간병이 꼭 필요한 고령자가 '하루 종일 혼자' 지내는 경우가 많다는 사실은 이제 현장의 상식이 되었다. 아베 씨의 법인은 소규모 다기능형 간병 시설인 '무지개'

를 운영하고 있다. 그런데 이 시설의 이용자 24명 중 절반인 12명이 혼자 사는 사람이라고 한다. 이게 인구가 줄어들고 있는 지방 도시의 실태가 아닐까? 아베 씨의 결론은 혼자 사는 치매 노인도 '소규모 다기능형 간병 시설'이 있으면 충분히 지역 내에서 생활할 수 있다는 것이다.

아스나라엔은 노인 시설, 서비스 제공형 고령자 주택, 데이 서비스, 쇼트 스테이(단기 보호 센터), 소규모 다기능형 사업을 조합하여 '통근', '숙박', '방문' 서비스를 제공하고 있다. 직원 배치나 전환도 유연하여 이용자가 데이 서비스에 올 수 없으면 담당 직원이 가정으로 방문한다. 반대로 집에서 시설로 옮겨왔을 때도 이용자를 이미 잘 알고 있는 직원이 담당한다. 환경의 변화는 치매 노인에게 부정적인 영향을 미치는데 이렇게 '친밀한 관계'가 존재하는 환경이라면 노인은 안심하고 지낼 수 있다.

아스나라엔은 개별 이용자뿐만 아니라 지역 전체를 지원하는 일에 가장 신경 쓰고 있다. 나라시 근교의 조용한 주택가에 고령자 시설을 세웠더니 처음에는 지역 주민의 반대가 있었다고 한다. 하지만 '누구나 언젠가는 가야 할 길'이라며 정보를 제공하고 절대 불행하지 않은 노인들의 생활을 보여주었더니 지역 주민들이 자원봉사를 하러 오는 등 협조적인 태도로 180도 바뀌었다고 한다. 아마 '나도 나중에 이런 도움을 받을 수 있겠구나' 하며 안심하는 마음이 생겼을 것이다. 이렇게 지역을 배려하는 활동에 나도 감동했다.

요즘은 '지역 포괄 케어' 등 '지역'을 외치는 목소리가 커지고 있다. 그리고 마치 '지역'이 모든 문제를 해결해준다는 듯이 일종의 마법의 단어처럼 사용하고 있다. 하지만 현장에서 듣는 이야기는 정반대다. 지역에서는 오히려 포섭보다 배제하는 경우가 더 많은 게 아닌가 싶은 사례뿐이다. 치매 노인을 혼자 둘 수 없는 것도 지역의 압력 탓이다. "왜 노인을 혼자 두냐"라는 가족을 향한 암묵적인 압박, '화재라도 낸다면 민폐'라는 범죄자 취급에 마음의 상처를 받는 가족이 적지 않다. 그런 와중에 아스나라엔의 담당자들은 치매에 걸려도 혼자 살 수 있다는 사실을 속 시원히 보여주고 있다.

하지만 오해하지 말자. 이러한 '지역'은 처음부터 있었던 게 아니다. 사회학에서는 혈연이나 지연 같은 인간관계를 '사회관계 자본'이라고 부른다. '자본'이라 부르는 이유는 '사회관계'도 이익을 만들어낼 수 있는 '자본'이라고 생각하기 때문이다. 간단히 말해서 '연줄'이 있으면 '득'을 본다는 어렵지

집에서 혼자 죽기를 권하다

않은 이야기다. 한편, 사람과 사람 사이에 신뢰 관계가 있으면 리스크와 비용이 모두 줄어들고 서로 도울 수 있다는 지역 자원의 의미로도 사용한다.

가정의로 유명한 하나토 다카시 씨는 재택 간호에서는 이런 사회관계 자본이 중요하다고 말한다. 하지만 하나토 씨가 활동하는 시가현 에이겐지 지구는 농촌 지역으로 아마 옛날부터 지연, 혈연 네트워크로 둘러싸여 프라이버시조차 없었을 것이다. 재래 자원이 있는 지역에서 가능했던 것이 반드시 다른 지역에서도 가능하다고는 할 수 없다.

아스나라엔이 위치한 곳은 나라시 근교의 신흥 주택가다. 염원하던 단독 주택을 구입해서 이사 온 새로운 주민이 많다. 오히려 지역 자원이 없는 곳이어서 아스나라엔의 사람들은 '사회관계 자본'을 만들 수 있었다. 그 중심에 바로 혼자 사는 치매 노인이라는 마치 블랙홀처럼 '도움이 필요한 약자'의 존재가 있었다.

지역은 긍정적으로도, 부정적으로도 작용한다. 약자를 배제하는 방향으로 또는 포섭하는 방향으로도 갈 수 있다. 자원봉사자를 오사카 사투리로 '홋토카레헨ほっとかれへん, 그냥 둘 수 없다는 뜻이다. -옮긴이'이라 바꿔 부른 매우 훌륭한 번역의 예가 있다.

'내일의 내 모습', '만약 나라면'이라고 상상할 수만 있다면 '홋토카레헨'으로 나서는 사람들이 자발적으로 등장할 것이다. 우리 모두가 언젠가는 늙고 병든다는 사실을 기억하면 된다. 자원봉사자들은 '자발성'으로 움직이는 사람들이지, 의리나 인정, 의무감 때문에 억지로 일하는 게 아니다.

그런데 그것을 '지역'과 같은 말로 한데 묶어버리니까 혼동이 생긴다. 우선은 타인의 도움을 받을 수 있도록 자신의 상태를 '가시화'하는 게 중요하다. 정보를 공개해야 한다. 치매를 숨기지 않아야 한다. '나는 여기에서 이렇게 평범하게 살고 있다'는 모습을 보여주지 않으면 차별과 편견은 사라지지 않는다. 자신의 가족이 치매이고 어떠한 상태인지, 어떻게 대응하면 좋은지, 조금이라도 좋으니 그런 정보를 주변 사람들과 공유하면 된다.

치매 환자는 어떻게 생각하고 어떻게 느낄까?

치매 환자에게 뭔가를 하고자 하는 생각이 있을까? 요즘은 치매 환자 '본인의 이야기'를 들을 수 있게 되었다. 세계적으

집에서 혼자 죽기를 권하다

로 유명한 사람은 호주의 크리스틴 보덴 씨다. 『나는 누가 되어가는가』(한국어판 제목은 『치매와 함께 떠나는 여행』 인터, 2005)라는 책을 통해 전 세계에 치매 환자로서 자신의 이야기를 들려줬고 강연차 일본을 방문한 적도 있다. 그리고 몇 년 후 크리스틴 브라이든이라는 사람이 『나는 내가 되어간다』라는 책을 냈다. 비슷한 이름의 사람이 비슷한 책을 내서 신기하다고 봤더니 놀랍게도 같은 사람이었다. 전작을 통해 알츠하이머 환자라는 사실을 밝히고 나서 성씨가 브라이든인 남성과 결혼하여 성이 바뀐 거였다. 그 후에도 남편과 함께 일본을 방문했고 현재는 전 세계 치매 환자의 조직화를 꾀하고 있다. 일본에서는 사토 마사히코 씨의 『치매에 걸린 내가 전하고 싶은 것(認知症になった私が伝えたいこと)』(2014)이라는 책이 유명하다. 주변에서는 혼자 사는 것은 무리이니 시설이나 그룹 홈_{소규모 복지 시설 - 옮긴이}에 들어가라고 권하지만, 그는 "불편하지만 불행하지 않다. 조금만 도움을 받으면 대부분은 혼자 할 수 있다. 역시 혼자가 좋다"라면서 혼자 살고 있다.

DIPEx(Database of Individual Patient Experiences, 개별 환자 경험 데이터) 일본은 인터넷에 '건강과 병 이야기'라는 시리즈를 올리고 있다. 그중에는 '치매 이야기'도 있다(http://www.

dipex-j.org/dementia/). 암 전문의도 자신이 암에 걸리고 나서야 비로소 환자의 심정을 알게 되었다는 이야기는 매우 흔하다. 병의 괴로움은 역시 당사자에게 들어야 알 수 있다. 이 사이트에 올라온 글에는 무엇이 괴로웠는지, 어떻게 대해줘야 하는지, 무엇을 해주면 좋은지에 대한 당사자의 목소리가 들어 있다. 이 글들을 읽고 나니 우리는 치매에 대해 거의 아무것도 모르고 있었다는 생각이 들었다. 그리고 지금까지 아무도 환자의 목소리에 귀를 기울이지 않았다.

영화감독 세키구치 유카 씨의 「매일매일 알츠하이머(毎日がアルツハイマー)」(2012)라는 영화가 있다. 알츠하이머에 걸린 어머니를 돌보면서 그 일상을 유머러스하게 그려 인기를 끈 다큐멘터리다. 세키구치 씨의 어머니는 빈틈 하나 보이지 않던 그야말로 '주부의 본보기' 같은 사람이었다. 하지만 알츠하이머에 걸리고 나자 너무나 자유분방하고 이기적으로 행동해서 완전히 다른 사람처럼 보였다고 한다. 인생 말기가 되어서야 그나마 알츠하이머 덕분에 억압에서 해방되고 자유로워진 어머니. 딸은 결국 어머니를 받아들일 수 있게 되었다고 한다.

간병이 필요한 고령자는 자기 일 하나만으로도 벅차다. 여

집에서 혼자 죽기를 권하다

유가 있어야 주변 사람도 배려할 수 있다. 자신에게 여유가 있을 때나 자녀에게 "너도 할 일이 많을 테니 어서 돌아가"라고 말할 수 있다. 치매에 걸리면 과거와 미래는 없고 오직 현재뿐이다. 아기와 마찬가지다. 생각해보면 아기 때는 완전히 자기중심적으로 살았다. 그런 생활을 점점 억제해가는 과정을 성장한다고 한다. 나이 먹어서는 다시 한번 그때로 돌아가 과거도 미래도 생각하지 않은 채 오로지 현재만 보고 살아도 되지 않을까?

'생명 수업'으로 유명한 중학교 교사이자 암 환자인 야마다 이즈미 씨^{중학교 보건 교사로 근무하던 중 유방암으로 휴직했으나 2년 후 복직했다. 그후, 자신의 투병 이야기를 학생들과 나눈 '생명 수업'이 NHK 방송 등에 소개되며 큰 반향을 일으켰다. 이후 재발하여 휴직과 복직을 반복하다가 2008년 사망했다. - 옮긴이}를 만난 적이 있다. 당시 암 말기였던 그녀는 진통제를 맞으면서 나를 만나러 와주었다. 나는 천사 일러스트가 그려진 다음 해 달력을 보냈다. 남은 생명이 얼마나 될지는 아무도 모른다. 당시 그녀는 몇 개월 후로 예정된 강연 의뢰를 받고 수락할지 말지 고민하고 있었다. 혹시라도 무슨 일이 생기면 의뢰한 쪽에 폐를 끼칠까 싶어서였다. 나는 그냥 수락하라고 권하면서 나도 모르게 "살아가는 데 사양은 필요 없어요"라고 말했다. 이런 말을 한 나 자신도 놀랐다. 아기 때는 분명 가지고 있던 삶의 에너지를 우리는 어느 틈에 잃어버린 걸까.

삶이란 먹고, 싸고, 청결을 유지하는 일이다. 이게 식사, 배설, 목욕이라는 간병의 3대 기본 조건이다. 이 3종 세트가 유지되는 동안에는 살아갈 수 있다. 오늘 하루도 눈을 뜨고 기분 좋게 하루를 살 수 있다. 그리고 이를 도와줄 전문가들이 있다. 간병 보험 덕분에 치매에 걸려도 도움을 받으며 일상을 보낼 수 있는 사회가 되었다는 사실에 기뻐하면 된다.

누구에게 성년 후견인을 맡겨야 하나?

치매에 걸리면 누군가에게 의사 결정을 맡겨야 한다. 가만히 있으면 자녀 등의 가족이 대신 의사 결정을 해준다. 하지만 지금까지 내가 목격한 바에 따르면 가족이라고 해서 반드시 치매 당사자와 생각이 같은 건 아니다. 고령자는 집에 있고 싶어 하지만 가족은 내보내고 싶어 한다. 장애인 운동은 '부모가 자녀의 이익을 대변할 수 없다'라는 주장의 역사였다. 하물며 자녀가 부모의 이익을 대변하는 일은 더욱 불가능

집에서 혼자 죽기를 권하다

해 보인다. 부모와 자식의 관계는 비대칭이라 부모가 자녀를 생각하는 만큼 자녀가 부모를 생각할 수는 없다. 그 차이는 유치원 문제만 생각해도 알 수 있다. 자녀를 맡길 어린이집이나 유치원은 거리에 상관없이 교육의 질이 좋은 곳을 찾아 헤맨다. 하지만 부모를 맡길 시설은 차례가 오면 바로 집어넣는다. 보육 시설처럼 케어의 질을 따지는 가족은 많지 않다.

성년 후견인은 '당사자에게 최선의 이익인 결정'을 대신해 줘야 한다. 따라서 직접적으로 이해가 대립하는 가족은 후견인으로 삼지 않는 게 현명하다. 요즘은 가족에게 맡기지도, 맡길 수도 없는 고령자가 늘어나면서 성년 후견인에 대한 요구가 확대되고 있다. 수요가 있는 곳에 공급이 있다. 지금까지 성년 후견인 제도는 주로 변호사나 법무사 등의 전문가가 금전 관리를 해주는 선에서 끝났다. 일상적인 신상 보호는 해주지 않았다. 사실 특별한 자격이 있어야만 성년 후견인을 할 수 있는 것은 아니다. 누구나 마음만 먹으면 할 수 있다.

일본에서는 최근 '시민 후견인' 양성 강좌가 유행하고 있는데 수료자의 대부분이 일이 없다고 한다. 그야 생명과 돈을 맡기는 일이니 모르는 사람에게 쉽게 맡기려 하지 않을 것이다. 그리고 후견인을 한 사람만 지명하는 것도 위험하다. '선의의 타인'이 언제 '악의의 타인'으로 바뀔지 모른다. 그래서 성년 후견인은 사회적 협동조합이나 복지 공사, 복지 생협, 민간 비영리 단체 등 사회적으로 신뢰할 수 있는 단체에 맡기는 게 좋다. 또한 시민 후견인을 단체에 등록하여 그 단체의 신용을 바탕으로 일하도록 해야 한다.

게다가 현재의 성년 후견인 제도에는 결함이 있다. 계약 자체가 피후견인의 사망과 동시에 종료된다한국도 동일하다.─옮긴이. 임종 때 입회했어도 그 이후의 시신 처리나 장례, 이장에는 일절 관여할 수 없다. 이런 이유로 후견인이 사후의 사무 처리를 하게 되면 비용 청구가 가능하지만 많은 후견인이 사망 통지서 제출이나 화장 입회 등을 자원봉사로 하고 있다.

최근에 성년 후견인, 신상 보호, 사후 업무 처리, 이 3종 세트를 맡아서 해줄 사업자가 등장하기 시작했다. 그중 하나가 민간 비영리 단체인 '인생 통째로 지원(人生まるごと支援)'으로 이곳의 대표 미쿠니 히로아키 씨는 『홀로 떠나자 : 마지막까지 나답게(おひとりさまで逝こう : 最期まで自分らしく)』(2017)라는 책을 썼다. 나는 이 책에 이런 추천사를 썼다.

"혼자 사는 것도 자기 결정이 가능할 때 이야기다. 만약 그 것이 가능하지 않게 된다면? 솔직히 말하면 나는 불안했다.

집에서 혼자 죽기를 권하다

이 책은 그 불안을 해소해준다."

　미쿠니 씨의 고객 중에 오랫동안 외국에서 생활한 노부인이 있었다. 남편을 잃고 자녀 없이 혼자 살게 되자, 노부인의 자매들이 부득부득 시설에 넣으려고 했다. 입소 비용도 모두 내고 드디어 시설로 이동하는 날이었다. 자신을 데리러 온 미쿠니 씨를 본 노부인은 기운 없는 목소리로 "제가 꼭 가야 하나요?"라고 말했다. 미쿠니 씨는 본인의 의사를 존중해줘야겠다는 생각이 들어 "괜찮습니다. 싫으시면 안 가셔도 됩니다"라고 말한 후, 그분의 재택을 마지막까지 지켜드리겠다고 결심했다고 한다. 이런 사람이라면 나의 노후를 맡겨도 좋겠다는 기분이 든다. 그리고 시설 입소는 본인의 행복보다 가족의 심리적 안정을 위해서라는 것을 이 이야기를 듣고 더욱 실감하게 되었다.

　나가노현 마쓰모토시에는 '라이프 디자인 센터'라는 민간 비영리 단체가 있다. 2001년에 설립되었는데 초기와 비교하면 법정 후견인보다 임의 후견인이 더 늘어났다고 한다. 이곳에서 발행한 『떠나는 자의 디자인 수첩 : 새로운 '웰다잉' 가이드북(旅立ちのデザイン帖 : あなたらしい '終活' のガイドブック)』(2016)은 나도 조금 관련이 있어서 돈 좀 벌었냐고 물어

보니 "아니오"라는 답변이 돌아왔다. 후견을 받은 분들이 가끔 유언으로 남겨준 재산으로 겨우 한숨을 돌리는 정도인 듯했다. 역시 믿을 만한 곳이다.

치매에 대비하는 사회

내가 원하는 것은 치매를 두려워하는 사회가 아니라 치매에 걸려도 안심하고 살아갈 수 있는 사회다. 혼자 치매에 걸리지 않으려고 아득바득 노력할 정도라면 그 에너지를 '안심하고 치매에 걸릴 수 있는 사회'를 만드는 데 썼으면 좋겠다.

하지만 나는 기노시타 도루 씨를 만나고 나서 갑자기 눈이 환해졌다. 그는 이렇게 말한다.

"우리 모두 나중에는 치매에 걸립니다. 그 사실을 전제로 치매에 '걸려도' 되는 게 아니라 치매에 '걸려서' 좋은 사회, 또한 이를 전제로 '치매에 대비하는' 사회로 가야 합니다."

장애인을 위한 유니버설 디자인universal design, 장애 등으로 제약받지 않도록 한 보편적 디자인-옮긴이처럼 치매 환자가 살기 좋은 사회는 그렇지 않은 사람에게도 살기 좋은 사회다. 나이를 먹는다는 것은

집에서 혼자 죽기를 권하다

모두가 중도 장애인이 되어가는 과정이다. 그 중도 장애 안에 불편한 몸뿐만 아니라 불편한 머리와 마음, 그 전부 또는 일부가 존재한다면 치매 케어가 가야 할 방향은 장애인 케어와 똑같다. 사회의 배리어프리와 마음의 배리어프리를 지향해야 한다. 가능하면 나 자신이 치매에 걸리기 전에 말이다.

| 7장 |

사회에 도움이
안 되는 사람은
살면 안 되나요?

투석 중지 '자기 결정' 사건

두려워하던 사태가 발생했다. 도쿄의 공립 훗사병원에서 일어난 투석 중지 '자기 결정' 사건이다.

2018년 8월 16일, 신장병으로 인공 투석 치료를 받던 여성 (44세)이 투석을 받지 못해 사망했다. 이 환자는 8월 9일에 투석 치료를 그만두겠다는 확인서를 병원에 제출했다고 한다. 신장병 환자 중에는 1주일에 세 번, 혈액의 노폐물을 인공적으로 제거하는 인공 투석을 하지 않으면 살 수 없는 환자도 있다. 인공 투석은 길게는 7~8시간 동안 혈관을 투석기에 연결하기 때문에 제대로 움직일 수도 없는 분명 괴로운 치료다. 하지만 그만두면 1주일 안에 반드시 죽음이 찾아온다.

이 환자는 혈액 정화용 침을 꽂는 혈관이 좁아지면서 투석 션트를 사용할 수 없게 되자 통증을 호소했다. 이에 의사는 머리에 꽂는 방법을 제시했는데 나중에 밝혀진 바로는 이보다 고통이 적은 복막 투석은 제시하지 않았다고 한다. 이 환자는 전부터 션트를 사용할 수 없게 되면 투석을 그만두겠다는 의사를 표했고, 투석 중지는 그 사전 지시를 바탕으로 한 것이었다.

인공 투석은 엄밀히 말하면 치료법은 아니다. 신장병 자체를 낫게 할 수 없기 때문이다. 기능이 저하된 신장을 외부의 인공 투석기로 보조하는 일종의 연명 치료다. 치료를 맡은 의사는 인공 투석 자체를 의미 없는 연명 치료라고 생각한 것 같다. 이 병원에서는 과거에도 같은 이유로 20명 이상이 사망한 바 있었다. 의사가 투석에 적극적이지 않았다는 사실을 알 수 있다.

계속된 보도에 따르면, 환자가 병원 측의 선택 요구에 투석을 그만두겠다고 서명한 것은 다른 병원의 소개로 그 병원에 온 첫날이었다고 한다. 핫토병원에는 이 여성 환자 외에도 고

집에서 혼자 죽기를 권하다

도의 투석 의료를 찾다가 소개로 온 환자들이 있었다. 그런데 더 나은 치료를 받으려고 찾아온 환자의 진료를 시작하면서 마치 사전 조사라도 하듯이 투석 중지를 유도하고 있었다. 앞으로는 첫 진료 때부터 연명 치료 동의서를 문서로 요구하는 의료 기관이 늘어날 것 같은 나쁜 예감이 든다.

이 여성 환자도 고민은 있었다. 당연히 그랬을 것이다. 투석을 그만두면 반드시 죽는다. 중지는 곧 죽음을 의미했다. 죽기 직전까지 고민하다 선택을 번복해볼까 하고 남편과 상의도 했다고 한다. 하지만 타이밍이 좋지 않았다. 남편은 위궤양 수술 중이었고 마취에서 깨어난 남편이 휴대전화를 켜자, 도와달라는 의미가 담긴 아내의 비통한 마지막 메시지만 남아 있었다고 한다.

일본투석의학회가 2014년에 발표한 투석 치료 중지 가이드라인에는 '위중한 상태로 죽음이 가까워지고 환자의 전신 상태가 극히 나쁜 경우에 한정한다'라는 윤리 규정이 있다. 죽은 여성은 마지막이 가까워진 것도 아니었다. 향년 44세, 남편은 50세였다. 번거롭고 고통스러워도 인공 투석만 계속했다면 앞으로 20년이든 30년이든 부부가 함께 살아갈 수 있었다(담당의는 "투석을 계속했어도 대략 4년 정도밖에 더 살 수 없었다"라고 했지만 4년이라는 근거도 확실치 않다).

내가 아는 사람 중에는 몇십 년 넘게 인공 투석을 하면서 70대가 된 지금도 활력 있게 사는 사람이 있다. 사회 공헌 사업의 책임자로서 독보적인 역할을 하고 있다. 안정이 반드시 필요한 투석 시간은 독서 시간으로 쓰고 있다고 들었다. 각지에 투석이 가능한 기관이 있으면 그곳을 들르며 여행할 수 있다. 해외의 투석 기관과 연결만 되면 해외여행도 가능하다. 신장병 환자는 투석만 받으면 보통의 생활이 가능하다.

임종기 의료에 큰 비용이 든다는 것은 착각

이 사건은 '리빙윌(living will)'이라는 사전 지시서와 최근 후생노동성이 널리 홍보 중인 ACP(Advance Care Planning, 사전 케어 계획)와 연관이 있다. 병원 측은 이번 사건에 대해 "사전 동의를 바탕으로 하여 본인 의사를 확인한 후에 동의를 받았다"라고 주장하고 있다. 담당의는 고칠 수 없는 병에 대한 투석은 '무익하고 과도한 연명 치료'라고 인터뷰에서 답했다. 투석 중인 사람을 임종기라고 본다면 투석 중지는 임종기의

집에서 혼자 죽기를 권하다

의료 억제나 다름없다.

일본존엄사협회는 아직 자기 결정 능력이 남아 있을 때, 어떻게 죽을지에 대한 사전 지시서를 남겨두라고 권한다. 이 협회의 회원 수는 10만 명이 넘었으며 회원들의 사전 지시서를 보관해주는 사업도 하고 있다. 일본존엄사협회는 안락사와 존엄사는 다르다고 주장한다. 안락사는 적극적인 자살 방조이지만 존엄사는 소극적인 의료 억제로서 임종기에 심폐 소생술이나 기관 절개, 위루, 링거 같은 '무익하고 과도한 연명 치료'에 대한 거부라는 것이다. 그리고 그 내용을 사전에 문서를 통해 명확히 밝혀둔 게 사전 지시서다.

임종기의 과잉 의료는 '스파게티 증후군^{임종이 임박한 환자의 몸에 인공호흡기 등 많은 관이나 전선 등을 연결한 모습을 스파게티에 비유한 말 - 옮긴이}'이라 불리며 줄곧 비판의 대상이었다. 특히 기계적으로만 살아 있을 뿐인 위루술은 그 실상이 드러나면서 급속도로 건수가 줄어들었다. 사회 의료 진료 행위별 통계에 따르면 2008년에는 연간 10만 건에 달하던 위루술이 2014년에는 6만 건으로 감소했다. 게다가 2014년에는 위루술의 진료 보수 점수가 떨어졌다. 히사토미 마모루 씨의 분석에 따르면, 인구당 위루술 건수는 75세 이상 고령자로 한정했을 때 2011년부터 2017년까지 반으로 줄었다고 한다. 위루술은 처음 도입되었을 때는 시행 건수가 상승했지만 미디어를 통해 반위루 캠페인이 시작되자 급격한 하락세를 보였다. 이런 현상을 보고 있으면 의료 현장이 얼마나 미디어나 유행에 취약한지 불안할 지경이다. 물론 의료 기술로서 위루술이 반드시 필요할 때도 분명 있다.

2019년에 임종기의 의료 억제에 대한 두 젊은 문화인의 발언이 화제가 되었다. 그 두 젊은이는 오치아이 요이치 씨와 후루이치 노리토시 씨였다(오치아이 요이치, 후루이치 노리토시 대담 「헤이세이가 끝나고 마법원년이 시작된다('平成'が終わり '魔法元年'が始まる)」〈문학계〉 2019년 1월호). 후루이치 씨는 "의료비가 가장 불어나는 시기는 임종기 한 달간"이라고 지적했고 오치아이 씨는 "임종기의 연명 조치는 (보험 외의) 본인 부담으로 하자"고 주장했다. 그렇게 하면 임종기의 의료 억제 효과가 있을 거라고 했다.

바로 전문가의 비판이 쏟아졌다. 애초에 임종기는 죽고 나서야 알게 되기 때문에 "지금부터 임종기입니다"라고 정의할 수 없다고 했다. 또한 의료경제학자인 니키 류 씨나 복지경제학자인 겐조 요시카즈 씨는 임종기 의료에 큰 비용이 든다는 생각은 착각일 뿐이라면서 그 사실을 데이터로 제시했다(「니

집에서 혼자 죽기를 권하다

키 교수의 의료 시평 42 : 임종기 의료비에 대한 터무니없는 숫자(二木
教授の医療時評42 : 終末期医療費についてのトンデモ数字)」〈문화
연정보〉 351호, 2007년 6월호 ; 겐조 요시카즈, 『조금 신경 쓰이는 의료
와 간병 보증판(ちょっと気になる医療と介護増補版)』 2018). 두 사
람 모두 죽음 직전 한 달 동안 드는 비용은 전체 의료비의 3%
에 지나지 않는다고 지적하면서 "사망 직전의 의료비 억제가
의료비 전체에 끼치는 영향은 그다지 크지 않다"고 했다.

안락사 논쟁

안락사 논쟁이라고 하면 〈문예춘추〉를 들썩이게 한 2017년
3월호의 '안락사 찬반' 특집이 떠오른다(「이상적인 죽음을 찾다 :
안락사는 옳은가 그른가(理想の逝き方を探る : 安楽死は是か非か)」
〈문예춘추〉 2017년 3월호). 이 특집은 〈문예춘추〉 2016년 12월
호에 게재되었던 하시다 스가코^{〈오싱〉 등의 히트 드라마를 쓴 시나리오 작가-옮긴이} 씨의 에세이 「나는 안락사로 죽고 싶다」에 이어진 것이
었다. '저명인 60명'에게 찬반을 물은 이 설문조사에는 나도
있었는데 결과를 보고 큰 충격을 받았다.

60명 중 '안락사에 찬성한다'는 아사리 게이타^{일본을 대표하는 극}

^{단 시키의 창단자. 2018년 사망 - 옮긴이}, 사카이야 다이치^{경제기획처 장관이자 '단카}

^{이 세대'라는 단어를 만든 베스트셀러 작가. 2019년 사망 - 옮긴이}, 하시모토 오사무^소

^{설가이자 평론가. 2019년 사망 - 옮긴이}, 사와치 히사에^{논픽션 작가 - 옮긴이} 씨 등

33명이었고, '안락사는 반대하지만 존엄사는 찬성한다'는 우

치다테 마키코^{소설가 - 옮긴이}, 오카이 다카시^{시인. 2020년 사망 - 옮긴이}, 호

사카 마사야스^{논픽션 작가 - 옮긴이}, 호리에 겐이치^{항해사이자 환경운동가 - 옮}

^{긴이} 씨 등 20명이었다. 무응답을 제외하면 남은 4명만이 '안

락사와 존엄사에 모두 반대'였다. 나는 그 소수파 중 한 사람

이었다. '안락사 찬성' 리스트에서 존경하는 사람들의 이름

을 발견하니 암담했다. 그나마 기뻤던 것은 '안락사와 존엄사

모두에 반대한' 소수파에 루게릭병으로 투병 중인 불교학자

시노자와 히데오 씨가 있었다는 사실이다. 시노자와 씨는 병

마와 싸우면서도 같은 해 10월에 서거할 때까지 삶의 희망을

버리지 않았다.

일본존엄사협회는 존엄사와 안락사는 다르다고 말하지만

이 협회의 대표 이사장이 바로 일본안락사협회를 발족한 의

사 오타 덴레이 씨며, 나중에 일본존엄사협회로 이름만 바꿨

다는 사실을 잊어서는 안 된다. 안락사는 적극적인 자살 방

조, 존엄사는 임종기의 의료 억제라고 말한다. 전자는 의료가 개입하여 죽음을 앞당기고 후자는 의료의 개입을 억제한다지만 안락사와 존엄사 사이에는 '미끄러지기 쉬운 언덕'이 존재한다. 게다가 유럽에서는 존엄사라는 말을 안락사로도 사용한다.

저널리스트 미야시타 요이치 씨는 스위스 민간 단체 '라이프 서클'을 '자살 방조 단체'라고 단언했다. 또 다른 스위스 단체 '디그니타스'도 외국인의 안락사를 받아주고 있는데 이름 자체가 '존엄'이라는 뜻이다(미야시타 요이치, 『안락사를 이루기까지(安楽死を遂げるまで)』 2017). 존엄사 개념을 받아들이는 사람들은 '존엄하지 않은 생'보다 '존엄한 죽음'이 낫다는 가치관을 가진 듯하다.

하시다 스가코 씨의 글에 '치매에 걸린다면 안락사가 최고'라는 말이 나온다. 하시다 씨가 암 전문의 곤도 마코토 씨와 대담을 나눈 기사에서는 "나는 일을 빼면 남는 게 없다. 하지만 TV 환경의 변화와 동료의 고령화 및 은퇴로 각본 주문이 많이 줄었다. 살아갈 의미가 없다"라는 취지의 발언을 했다. 이 발언은 LGBT 차별로 물의를 일으킨 국회의원 스기타 미오의 '생산성' 발언 2018년 7월 월간지 〈신초 45〉 기고문에 "성 소수자는 아이를 만과 비슷하다. 또한 이시하라 신타로 전 도쿄도지사가 "생식을 끝낸 아줌마가 살아가는 것은 의미 없는 일"이라고 한 말도 떠오른다.

사회에 공헌할 수 없으면 살아 있을 가치가 없을까? 삶의 보람, 일의 보람이 사라지면 과연 인생을 살아갈 의미가 없을까? 이런 생각의 배후에는 '살아 있을 가치가 있는 생명'과 '살아 있을 가치가 없는 생명'을 구별하는 생각이 깔려 있다. 이것이야말로 일본안락사협회를 설립한 오타 덴레이 씨가 주장한 우생 사상 그 자체다.

사회에 도움이 안 되는 사람은
살면 안 되나요?

내 강연에서도 질의 시간에 이런 말이 나올 때가 있다.

"나는 80대지만 건강에 신경 쓰며 주민회 회장 등을 맡아 사회와 타인을 위해 열심히 살고 있습니다. 모름지기 노인은 사회 공헌을 하면서 삶의 보람을 느껴야 합니다."

이런 발언을 하는 사람은 100% 남성인데 나는 가능한 한 천천히 확실한 말투로 이렇게 답변한다.

　"도움이 안 되는 사람은 살면 안 되나요?"

　'존엄한 생'과 '존엄하지 않은 생'의 경계선은 어디일까? 어떤 사람은 스스로 배변과 배뇨를 할 수 있는 상태를 '존엄'의 지표로 보고, 타인에게 배변과 배뇨를 부탁해야 하는 상황이 되면 '존엄'이 사라진다고 말한다. 하지만 배설 처리 도움을 받는 장애인이나 환자, 고령자는 수없이 많다. 기저귀를 차는 것 정도는 죽을 이유가 되지 않는다.

　"자기 결정 능력이 있는 동안은 괜찮지만 만약 자기 결정 능력이 사라지면 '존엄'도 사라진다"고 말하는 사람도 있다. 하시다 씨뿐만 아니라 치매에 걸리면 어쩌나 불안해하는 사람이 많다. 자신이 낳은 아이 얼굴도 알아보지 못할 정도라면 죽는 게 낫다고 말하는 사람도 있다. 하지만 치매의 곤란한 점은 그런 상황을 맞이했을 때는 이미 자기 결정 능력을 잃은 후라는 점이다.

　사전 지시서의 구속권은 어디까지일까?

　네덜란드의 안락사를 연구한 마쓰다 준 씨는 '강제 안락사'라는 무시무시한 사건을 취재했다(『안락사, 존엄사의 현재

(安楽死, 尊厳死の現在)』2018). 2016년, 치매에 걸렸다는 이유로 의사가 안락사 사전 지시서를 쓴 74세 여성의 몸을 제압한 후 치사약을 투여한 사건이 발생했다. 의사는 안락사의 조건인 '버티기 힘든 고통'을 확대해석하여 정신적 고통까지 포함했고, 치매로 화를 자주 내고 밤거리를 배회하는 상황을 '버티기 힘든 고통'이라 간주했다(이 사건은 처음에 유죄 선고를 받았으나 2019년에 최종적으로 무죄 판결을 받았다).

치매에 걸리기 전에 쓴 사전 지시서를 '본인 의사'로 간주할 수 있는지는 판단하기 어렵다. 사전 지시서를 쓴 과거의 자신이 현재 자신의 죽음을 결정하기 때문이다. 마쓰다 씨에 따르면 네덜란드에서는 2009년 이후 치매 환자의 안락사뿐만 아니라 정신 질환자의 안락사도 늘어났다고 한다. 이렇게 가다가는 '살아 있는 게 괴롭다', '사는 것에 지쳤다' 정도로도 안락사를 선택할 것 같다.

사전 지시서의 유효 기한은 언제까지일까? 자신의 일관성은 잃었는데 동일성을 추구하는 것은 과거의 자신이 현재의 자신에게 월권행위를 하는 것은 아닐까?

사전 지시서라고 부르는 '리빙윌'이나 최근에 등장한 ACP라는 게 있다. 후생노동성은 ACP를 널리 알리고 싶은가 본데, ACP라는 영어 단어만 들어서는 도대체 무슨 뜻인지 알 수가 없다. 그래서 후생노동성은 닉네임을 모집해서 '인생 회의'라는 이름을 채택했는데 이 이름 또한 알 수가 없다.

리빙윌과 ACP는 무엇이 다를까. 양쪽 모두 건강할 때 임종 의료에 대한 자신의 생각을 문서로 남겨두라고 하는 점에서는 동일하다. 하지만 리빙윌은 자기 결정, ACP는 공동 의사 결정이라는 차이가 있다. 그래서 '회의'라는 표현을 썼다. 인생(생사)에 대해 가족이나 관계자가 모여앉아 어떻게 할지를 결정하는 게 '인생 회의'다. 자기 결정으로 보여도 사람의 생사는 혼자서 결정할 수 없고 스스로 결정할 수도 없다. 따라서 공동 의사 결정으로 하자는 것이다.

공동 의사 결정의 생각 자체는 나쁘지 않다. 하지만 그 떠들썩한 회의에 목소리가 큰 사람이 있다면? 그쪽으로 끌려가지 않을 수 있을까? 당사자는 자신보다 주변 사람을 배려한 결정을 하지 않을까? 약자에게 압력을 가하는 경우는 없을까?

만약 그중에 관련 분야 종사자가 있다면 전문가가 제시하는 선택지에 따라 결정이 좌우되지는 않을까? 훗사병원의 사례에서는 의사가 투석 유지와 중지, 즉 죽음이라는 두 가지 선택지만 제시했다. 죽은 환자는 평소에 통증 없는 투석이라면 괜찮다고 의사를 밝혔는데 병원 측에서 복막 투석이라는 제3의 선택지를 빠트린 사실이 나중에 밝혀졌다.

스스로 죽음을 선택할 때는 강제성이 있어서는 안 된다. 하지만 애초에 자유로운 의사 결정이란 무엇일까? '자유로운 결정'이란 완전히 대체 가능한 선택지가 있고 그것을 선택하지 않는 경우에만 성립할 수 있다. 노벨상 수상자인 후생경제학자 아마르티아 센은 개인의 잠재력을 자원의 양뿐만 아니라 기회의 크기로도 정의했다. 선택지가 하나일 때 그것은 강제이지 선택이라고 할 수 없다.

공동 결정은 긍정적이기도 하고 부정적이기도 하다. 긍정적인 사례는 루게릭병(ALS) 환자를 다룬 다테이와 신야 씨의 『ALS 움직이지 않는 몸과 숨 쉬는 기계(ALS 不動の身体と息する機械)』(2004)를 보면 나온다. 다가오는 죽음을 예측할 수 있는 루게릭병 환자는 호흡기를 붙일지 말지 장기간에 걸쳐 숙려할 시간이 있다. 전신 근육이 점점 마비되어 급기야 호흡

에도 영향을 미치는 루게릭병 환자는 기관을 절개하여 호흡기를 붙이게 되면 평생 호흡기를 붙이고 살아야 한다. 몇 분이라도 호흡기가 없으면 호흡 곤란으로 생명이 위험하기 때문에 24시간 케어도 필요하다. 루게릭병 환자 중에 호흡기를 붙이는 비율은 약 30%이고 대부분은 가족에게 간병 부담을 주고 싶지 않거나 자유가 없는 인생을 비관하여 호흡기를 떼는 선택을 한다. 게다가 호흡기 장착을 선택하는 비율에는 젠더의 차이도 있다. 여성 루게릭병 환자가 호흡기를 선택하는 비율은 현저히 낮다. '돌보는 성'인 여성이 돌봄을 받는 쪽에 서기란 쉽지 않다.

하지만 '호흡기를 떼기로 결정한' 사람 중에는 "호흡기를 붙여도 충분히 살 수 있다", "그대로 외출할 수 있다", "가족에게 부담을 주지 않고 요양보호사를 이용할 수 있다", "우리는 당신이 살아주었으면 좋겠다"라고 알려주면 선택을 바꾸기도 한다. 누나를 루게릭병으로 잃은 가쓰라기 데이조 씨(『난병 환자 운동 : '나 홀로 투병하는 환자를 만들지 않는' 시가난병연합의 역사(難病患者運動「ひとりぼっちの難病者をつくらない」滋賀難病連の歴史)』 2019)는 시가현에서 루게릭병 환자를 대상으로 하는 간병 사업소를 설립했다. 루게릭병 환자인 어머니를 극진한 간병 끝에 보내드린 가와구치 유미코 씨(『죽지 않은 몸 : ALS적 일상을 살다(逝かない身体 : ALS的日常を生きる)』 2009)도 간병 사업소의 경영자가 되었다. 루게릭병 환자들에게 '이런 방법으로 살아갈 수도 있다'는 선택지를 주고 싶어서 시작했다고 한다.

세상에는 불편한 신체를 보완하는 다양한 보조 기구가 있다. 눈이 나빠지면 안경을 쓰고 귀가 잘 안 들리면 보청기를 낀다. 다리가 나빠지면 휠체어를 탄다. 기술 발전에 따라 각종 보조 기구도 간편하고 가볍게 진화해왔다. 호흡기나 투석 장치는 크기 때문에 사용이 번거로울 수는 있다. 하지만 안경이나 보청기는 쉽게 사용하면서 왜 호흡기나 투석 장치를 선택할 때는 주저할까?

'가족에게 부담이 가기 때문'이라는 이유는 대체할 만한 선택지를 준비하지 못한 정치의 문제다. 나는 해외의 복지 선진국에서 호흡기를 붙이고 24시간 타인의 도움을 받으며 혼자 사는 환자를 만난 적이 있다. 그녀는 컴퓨터를 통해 환자 모임의 리더로 활동하고 있었다. 일본에도 이렇게 호흡기를 붙이고 혼자 사는 루게릭병 환자가 몇 명이나 있다.

'인생 회의'에서는 분명 당사자가 주변인의 압력에 굴복하

집에서 혼자 죽기를 권하다

는 경우가 있을 것이다. 리빙윌과 ACP 모두 '언제든 변경할 수 있다'고 하지만 마음이 바뀌었다는 말을 꺼내는 게 쉽지는 않다. 일단 문서에 서명하고 나면 다른 의견을 낼 수 있는 여지는 줄어든다. 어떻게 보면 문서화를 통해 일부러 장벽을 높이는 것처럼 보인다.

마지막까지 망설이면 돼요

내가 이런 생각을 하는 이유는 아버지를 간병한 경험이 있기 때문이다. 아버지는 치료 가능성이 없는 말기 암 환자였다. 의사였던 아버지는 자신이 받는 모든 처방이 대증 요법일 뿐 치료법이 아니라는 사실을 잘 알고 있었다. 그런데다 아버지는 절망하고 나약해진 암 환자였다. 어떤 날은 하루라도 빨리 죽게 해달라고 애원하더니 다음 날에는 재활 병원에 다니고 싶다고 했다. 가족들이 온 사방을 뒤져 재활 병원을 찾아오면 그때는 또 "이제 됐다"며 변덕을 부렸다. 가족들은 아버지의 흔들리는 마음에 실컷 휘둘렸다.

간병 선배였던 친구들의 이야기를 들어보니 훌륭한 사람

이 훌륭하게 죽는 모습도 있었다. 하지만 그런 이야기는 감동적이기는 해도 아무런 도움이 되지 않았다. 오히려 소심한 사람들이 마지막까지 발버둥을 치며 죽는 모습이 그나마 위로가 되었다.

그리고 각오도 할 수 있었다. 죽어가는 사람은 마치 롤러코스터를 탄 것처럼 감정 기복이 심해진다. 그 기복에 휘둘리는 게 가족의 역할이다.

아버지의 간병 이후로 나는 건강할 때 써둔 본인 의사 같은 것은 믿지 말자고 생각하게 되었다. 또한 일단 결정한 것은 끝까지 관철하는 게 훌륭하다는 생각도 버리게 되었다.

존경하는 간병계의 권위자인 다카구치 미쓰코 씨가 책임자로 일하고 있는 노인 보건 시설을 방문했을 때의 일이다. 의사가 상주하는 노인 보건 시설은 이제 특별 양호 노인 홈 이상으로 안정적인 간호의 장이 되었다. 최근에는 노인 보건 시설이나 특별 양호 노인 홈 모두 간호를 당연하게 여겨서인지 입소 시에 가족에게 임종에 대한 '동의서'를 받는 게 관행으로 자리 잡았다. "마지막에는 병원으로 보내겠습니까, 아니면 그대로 방에서 간호하겠습니까?"라고 묻는다고 한다. 각종 연명 장치의 사용 여부를 '예/아니오'로 선택하는 것은

집에서 혼자 죽기를 권하다

사전 지시서와 같다. 본인이 아니라 가족의 동의를 받는 이유는 입소자의 태반이 치매이기 때문이다.

다카구치 씨의 시설에서도 가족 동의서를 받느냐고 물으니 아니라고 대답했다. "그럼 도대체 어떻게 하나요?"라고 다시 물으니 그녀의 대답은 감동적이었다.

"살고 죽는 데는 정답이 없어요. 가족과 직원이 함께 마지막의 마지막까지 망설이면 돼요."

사실 다카구치 씨의 책 『간병 시설에서 죽는다는 것(介護施設で死ぬということ)』(2016)에는 망설이고 망설이다가 지금도 후회하는 사례가 나온다. 아무리 권위자로 불려도 신이 아니기 때문에 정답을 알 수는 없다.

사전 지시서는 누구를 위한 것일까? 사전 지시서는 도대체 누구를 돕는 것일까?

들리는 이야기는 모두 "사전 지시서가 있어서 좋았다", "도움이 되었다"라는 가족과 전문가의 목소리뿐이다. 물론 본인의 이야기를 듣고 싶어도 이미 죽은 사람의 이야기는 들을 수 없다. 이렇다 보니 사전 지시서가 '돕는' 것은 가족과 전문가가 아닐까 빈정거리고 싶다.

앞으로 ACP, 즉 '인생 회의' 캠페인은 거국적으로 퍼질 것이다. 시설 입소나 병원 입원 시에, 홋사병원처럼 진료를 시작할 때부터 미리 ACP를 제안받고 서명해야 할 것이다. ACP의 항목도 '예/아니오'가 아니라, '당신은 아래의 연명 장치를 사용하지 않을 것에 동의합니까?'라는 질문에 답변으로 '예'만 제시하는 등, '아니오'를 말하기가 점점 더 어려워질지도 모른다. 질문을 살짝 바꾸기만 해도 답변이 바뀔 수 있다. 사람의 의사 결정은 그 정도로 흔들리기 쉽다.

의료, 간병 업계에서 일하는 지인들은 이렇게 말한다.

"저도 ACP를 권하는 입장이지만 사실 마음이 내키지 않아요. 나도 쓰고 싶지 않고 타인에게도 권하고 싶지 않아요."

이런 말을 들으면 나는 '이 사람은 믿어도 되겠다'라는 생각을 한다.

안락사를 추구하는 사회는 정의로운가?

2003년에 나카니시 쇼지 씨와 함께 『당사자주권(当事者主権)』이라는 책을 썼다. 나카니시 씨는 젊은 시절 당한 사고로 목과 등을 다친 후 휠체어 생활을 하고 있으며 장애인 자립

생활 운동의 카리스마적 리더다. 이 책에서는 장애인, 고령자, 여성 등 사회적 약자들의 자기 결정권을 주장한다. 하지만 책을 내자마자 "지적 장애인은 어쩌란 말인가, 정신 장애인은? 치매 고령자는 또 어떤가?"라는 비판을 들었다. 자기 결정 능력을 잃은 사람의 당사자 주권은 어떻게 해야 하느냐는 이야기였다.

치매는 인지 장애이지 감정 장애가 아니다. 대개 이성과 감정은 서로 대립한다고 생각하지만 나는 '손상되기 전의 이성'이 감정이라고 생각한다. 좋고 나쁨이나 공포, 혐오 등의 감정은 이 상황이 자신에게 유리한가 불리한가를 판단하는 직관적 표현이다. 치매 환자는 이 판단력을 갖고 있다.

중증 치매로 하루 종일 꾸벅꾸벅 조는 노인이라도 식사가 나오면 눈을 뜨고 식사를 한다. 식욕은 살아가는 데 기본 중의 기본이다. 먹을 수 있는 동안에는 살 수 있다. 삶에 대한 욕구를 보여주고 있는데 치매 고령자를 과거의 의사 결정에 따라 안락사하는 것은 타살이지 자기 결정이 아니다. 아니, 안락사가 아니라 존엄사라고 치자. 삶의 의지를 가진 치매 환자가 만약 오연성 폐렴^{세균이 타액이나 음식물 등과 함께 폐로 흘러 들어가서 생기}는 폐렴으로 일본에서는 70대 이상의 폐렴 가운데 약 70%를 차지한다. - 옮긴이에 걸리면 그래도 치료를 전혀 하지 않을 것인가? 고칠 수 없는 병 때문에 '존엄하지 않은 생'을 살고 있다고 생각하고 그 '고통'에서 구해주기 위해 의료 행위를 하지 않는다는 선택을 할 수 있다. 그리고 그 선택을 자기 결정이라는 이름으로 정당화할 것이다. 하지만 그렇게 되면 충분히 도울 수 있는 병도 치매 여부에 따라 도와주지 못하게 된다.

당사자 주권에 대해 말할 때마다 거의 대부분 나오는 질문이 "죽음을 스스로 결정할 수 있는가?"다. 삶에 대한 자기 결정을 주장할 수 있다면 죽음에 대해서도 자기 결정이 가능해야 한다는 의견이다. 『어떻게 죽을 것인가』(부키, 2015)를 쓴 의사 아툴 가완디는 "좋은 인생이란 최대한의 자립이다"라고 썼다. 고령자의 자립(나는 자립보다는 자율이라고 부르고 싶다)을 주장하는 가완디가 안락사에 반대한다는 사실에 나는 내심 안심했다. 네덜란드의 안락사법에 대해 그는 "2012년에 네덜란드인 35명 중 1명이 자신의 자살 방조를 추구한다는 통계는 자살 방조 제도의 성공을 보여주는 게 아니다. 이 통계는 오히려 실패를 보여준다"라고 했다. 그 때문인지 "네덜란드는 다른 나라보다 순화 의료의 발전이 더디다"라고 지적했다.

네덜란드의 안락사를 취재한 마쓰다 씨는 2015년 전체 사

집에서 혼자 죽기를 권하다

망자 수에서 안락사가 차지하는 비율이 5.6%로 '스스로 죽을 날짜를 결정해서 죽는 사람이 18명 중 1명'이라고 했다. 가완디가 말한 2012년의 '35명 중 1명'보다 늘어났다. 법률이 시행된 당시에는 치매로 선택한 안락사는 인정받지 못했지만 2006년에 안건이 순화되면서 2016년에는 141건에 달했다. 지역 안락사 심사 위원회의 2014년 보고서에 따르면 치매로 안락사를 선택한 그해 81건은 거의 대부분 치매 초기의 자기 결정으로, '치매의 고통'을 예상하고 벌어진 일이라고 한다. 그렇다면 이 결과는 공연히 치매에 대한 공포를 부채질해온 정치와 미디어가 만들어낸 효과가 아닐까? 최근에는 코로나 때문에 안락사법의 적용이 늘어났다고 들었다. 응급 환자의 중증도 분류에 따라 '살아 있을 가치가 없는 생명'을 선별하는 것은 아닌지 두렵다.

교토의 의사 하야카와 가즈테루 씨는 '노망이야말로 축복'이라고 말한다. 치매 환자에게는 과거와 미래가 사라지고 현재만 존재한다. 사별의 슬픔도, 다가올 죽음에 대한 공포도 사라진다. 마쓰다 씨는 '많은 치매 환자를 진료해온' 네덜란드의 의사 케스 후드할트의 발언을 인용하며 이렇게 말했다.

"치매 환자의 안락사는 말이 안 된다. 나는 이해할 수 없다."

노망을 굳이 치매라 바꿔 부를 것도 없다. 노망은 나이가 들면서 생기는 자연스러운 현상의 하나다. 노망이 나도 즐겁게 살아가는 노인은 얼마든지 있다.

　태어나는 것을 스스로 결정한 사람은 없다. 죽는 것을 스스로 결정할 수 있다는 생각은 오만이다. 만약 내가 노망이 난다면? 먹을 수 있는 동안은 살게 해주었으면 좋겠다.

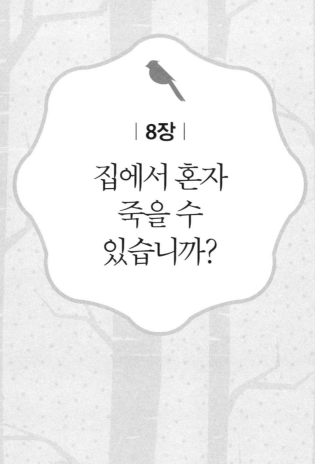

| 8장 |

집에서 혼자
죽을 수
있습니까?

집에서 혼자 죽을 수 있습니까?

~~~~~~

집에서 혼자 죽을 수 있습니까? 이 문장이야말로 이 책을 쓴
의도를 가장 정확하게 반영한 질문이다.

답은 나왔다.

"네, 할 수 있습니다."

가족이 있어도 할 수 있고 없어도 할 수 있다. 혼자 살아도
장애물을 뛰어넘을 수 있다. 암이라면 더 쉽고 치매여도 가능
하다.

간병 보험이 있기 때문에 모두 가능하다.

오가사와라 씨는 이렇게 말한다.

"간병 보험이 없을 때는 재택 간호가 어려웠어요. 하물며 혼자 사는 사람은 상상조차 할 수 없었죠."

나는 지금까지 "집에서 죽을 수 있나요?", "혼자 살아도 집에서 죽을 수 있나요?"라며 전문가들을 물고 늘어졌다. 그리고 20년간 축적된 간병 보험은 현장 경험과 기술을 모두 향상시키면서 그동안 꿈꿔온 많은 것을 현실로 만들었다. 20년 동안 쌓인 경험을 우습게 봐서는 안 된다. 간병 보험은 실무 경험과 노하우를 갖춘 전문 인력을 생산해냈다.

하지만 유감스럽게도 현재의 간병 보험은 위기에 처해 있다. 그 사실을 알리고 싶어서 이 책의 마지막에는 간병 보험에 대한 이야기를 하려고 한다. 따라서 간병 보험에 정통한 독자는 이 장을 읽지 않아도 상관없지만 세계적으로도 특이한 일본의 간병 보험 제도를 내가 어떻게 평가하고 있는지, 어떤 과제를 안고 있는지 들어봐주었으면 한다.

이용하기 점점 불편해진 간병 보험의 딜레마

2000년 4월에 시작한 간병 보험은 사람으로 치면 2020년에 스무 살을 맞아 성인이 되었다. 그런데 전문가들의 말에 따르면 간병 보험은 탄생 이래 쭉 학대받는 아이였다고 한다. 왜냐하면 법으로 정해져 있는 3년마다 개정되면서 사용하기가 점점 더 불편해졌기 때문이다.

간병 보험은 처음 시작할 때 대대적으로 선전을 했다. 그런데 당시 자민당 정무 조사 회장이던 가메이 시즈카 씨가 거기에 찬물을 끼얹었다. "간병 보험은 자식이 부모를 간호하는 미풍양속을 깨트린다"면서 보험료 징수를 반년 후로 연기했다. 초기에는 "이런 보험을 만들어봤자 우리 동네에는 사용할 사람이 없어요", "집 안에 모르는 사람을 누가 들이겠어요?"라는 말도 나왔다. 주변에 알려지는 게 싫어서 방문 요양 보호사에게 집에서 멀리 떨어진 곳에 차를 대고 걸어오라고 요구하는 이용자도 있었다.

'간병의 사회화'라는 말이 대두되고 있었지만 아직은 '가족의 책임'인 간병을 남에게 맡기는 데 저항감이 있었다. 집에 간병이 필요한 노인이 있다는 사실조차 숨기고 싶어 했다.

간병보험법을 만들어 시행하기까지 3년의 준비 기간 동안 각 지방 자치 단체는 전례가 없는 도전의 시간을 맞았다. 새로 간병보험과를 만들고 최정예 공무원을 투입했다. 보험료를 강제로 징수하는데, 즉 실질적인 증세로 "돈을 냈는데 서비스가 없다"라는 비판을 받을까 봐 두려워했다. 그래서 이 시기의 각 지방 자치 단체에는 이른바 '카리스마 공무원'이 생겨났다. 그들은 모든 가구를 하나하나 방문하며 숨어 있는 이용자까지 찾아냈다.

하지만 고작 3년 후, 1차 개정 때부터 이미 이용 억제가 시작되었다. 그리고 그 후에도 개악은 계속되었다. 일본의 간병보험은 지금 벼랑 끝에 서 있다.

간병 보험 제도의 특징

간병 보험의 위기를 논하기 전에 우선 일본의 간병 보험 제도의 효과와 평가에 대해 이야기해보겠다.

일본의 간병 보험은 종종 독일의 간병 보험과 영국의 고령자 복지를 모방했다고 하는데, 사실 비슷해 보이지만 다르다.

집에서 혼자 죽기를 권하다

두 제도의 절충안을 넘어선 독자적인 제도다. 일본의 간병 보험 제도가 완성되었을 때 나는 '가족 혁명'이 일어났다고 생각했다. 한계가 있기는 해도 "간병은 가족(만)의 책임이 아니다"라는 '간병의 사회화'를 향해 한 발짝 내디뎠기 때문이다. 그리고 노후를 맡길 가족이 없는 내 입장에서는 간병을 남에게 맡겨도 된다니, 그야말로 나를 위한 제도라고 생각할 정도로 반가웠다.

일본 간병 보험 제도의 특징은 다음과 같다.

① 세금과 보험의 혼합

간병 보험이 만들어졌을 당시에는 세금인가, 보험인가로 큰 논쟁이 벌어졌다. "사회 보장 제도라면 세금으로 부담하는 게 당연하다", "가입자만 지원하는 보험 방식은 나라가 책임을 회피하는 것이다" 등의 비판을 받았다. 게다가 한 달에 2,500엔 정도의 보험료를 강제 징수하는 것은 실질적인 증세였다. 얼마 안 되는 노인 연금에서 공제한다고 하니 큰 반발을 샀다. 또 국회의원 가메이 씨의 개입이 있었다고 앞에서도 말했다. 실제로 간병 보험이 택한 방식은 세금과 보험의 절충이다. 간병 보험의 재정은 절반이 보험료, 절반이 세금이다.

이 세금의 절반, 즉 간병 보험 재정의 4분의 1은 국비, 나머지 4분의 1은 도도부현^{일본의 광역 자치 단체를 묶어서 이르는 말이다. -옮긴이}과 시정촌^{도도부현 아래에 있는 기초 지방 자치 단체다. -옮긴이}이 부담한다. 하지만 결과적으로 간병 보험이 옳았다. 여기에 대해서는 나중에 설명하겠다.

② 지방 분권과 행정 서비스의 아웃소싱

간병 보험의 사업 주체는 시정촌이라는 기초 지방 자치 단체다. 당시는 한창 지방 분권 개혁이 진행 중이었는데, '지방주권'이라는 이름으로 지방 자치 단체에 책임을 지우자 전국의 시정촌이 맹렬히 반대했다. 아직도 기억이 생생하다.

간병 보험 성립의 배경은 국민 건강 보험 재정의 파국이었다. 그런 실패를 두 번 다시 반복하고 싶지 않은 국가가 지방에 책임을 전가한 게 속사정이었다. 국가의 논리는 고령자 간병은 의무 교육과 마찬가지로 '기초 지방 자치 단체의 기초적인 행정 서비스'이기 때문에 기초 지방 자치 단체가 책임을 맡아야 한다는 것이다. 그렇다면 의무 교육의 교육 서비스 노동자(초중학교의 교직원)를 모두 공무원으로 채용하듯이 간병 서비스 노동자도 공무원으로 채용해야 한다. 하지만 당시는 한창 행정 개혁 중으로 공무원을 줄이는 게 지상 과제였기 때문에 공무원을 늘린다는 선택지는 불가능했다. 따라서 간병 서비스를 제공하는 사업자에게 아웃소싱하는 방식을 택했다.

이미 행정 개혁의 과정에서 지방 자치 단체 관리 아래에 있던 도서관이나 여성 센터 등을 차례차례로 지정 관리 사업자에게 위탁하고 있었기 때문에 이 방식에 위화감은 없었다. 동시에 지방 분권이라는 이름으로 각 지방 자치 단체에 간병 계획을 독자적으로 세우라고 촉구했고 이에 따라 간병 보험료도 결정했다. 제도가 규정한 최저한의 서비스에 지방 자치 단체가 독자적인 서비스를 더 추가하거나 서비스 메뉴를 자유롭게 늘릴 수도 있었다. 물론 이런 경우에는 보험료가 올라갔다.

그 결과 보험료와 서비스 모두 거의 전국이 비슷한 수준이 되었다. 독자적인 시스템을 도입한 지방 자치 단체는 극소수였다. 지금까지의 사회 복지 제도는 균점주의(전국이 동일한 서비스를 받는 공평의 원리)가 기본이었지만 이 제도는 지역 간 격차를 인정했다.

③ 이용자와 사업자의 계약

간병 보험은 '조치에서 계약으로, 은혜에서 권리로'라는 슬로건을 바탕으로 도입했다. 이전의 고령자 복지는 빈곤 가정이나 혼자 사는 고령자 등 도움이 필요한 사람을 위해 행정이 베푸는 '은혜'이자, 누구에게 어떤 서비스를 제공할지 행정 재량으로 결정하는 '조치'였다. 하지만 간병 보험 이후에는 보험 가입자가 서비스를 제공하는 사업자와 계약을 맺고, 일정액의 서비스를 받을 수 있는 권리를 행사하게 되었다.

다만 거기에는 대가가 따라서 간병 보험 설립 초기에는 집중적인 비판을 받았다. 그동안 무료로 서비스를 받던 빈곤 가정은 오히려 서비스에 제약이 생겼고 본인 부담비가 있는 서비스는 이용하지 못했다. 한마디로 복지가 줄어든 셈이었다. 하지만 그때까지 극히 한정된 가구만 받던 서비스를 간병 보험 덕분에 모든 가구가 받게 되었고 이는 분명히 높이 평가할 만했다.

빈곤 가정의 서비스 하락은 간병 보험 탓이라고 할 수는 없었다. 간병 보험이 만들어진 또 다른 배경은 본인 부담이 가능한 고령자의 구매력이었다. 이를 지탱하는 게 노령 연금 제도였다. 빈곤 가정은 무연금 또는 저연금 가구로, 문제는 그

집에서 혼자 죽기를 권하다

들의 낮은 구매력이지 간병 보험이 아니었다. 간병 보험 도입과 함께 저소득층 대책을 제대로 준비하지 않은 행정부에 책임을 물어야 한다. 간병 보험을 비판할 일은 아니다.

이용자와 서비스를 제공하는 사업자가 서로 계약을 맺는 형태는 매우 훌륭한 시스템이다. 왜냐하면 간병 노동자가 이용자와 직접 계약하는 상황을 피할 수 있기 때문이다. 요양보호사의 능력이나 이용자와 요양보호사가 서로 잘 맞을지 등은 개인차가 있을 수밖에 없다. 그래서 한때는 "왜 같은 요양보호사를 계속 부를 수 없느냐?"라는 노인들의 불평이 쏟아졌다. 만약 개별 계약이었다면 어땠을까? 한 사람에게만 맡겨두면 그 요양보호사가 병에 걸리거나 사정이 생겼을 때, 다른 사람으로 대체하기가 어렵다. 그뿐만 아니라 다른 나라처럼 이용자와 요양보호사가 개인적으로 계약을 맺을 경우, 약자인 요양보호사가 학대나 착취를 당할 수 있다. 또는 궁지에 몰린 요양보호사가 더 약한 고령자를 학대할 수도 있다.

하지만 이용자와 사업자가 계약을 맺으면 장점이 많았다. 요양보호사를 대체할 수 있으면 이용자의 리스크는 줄어든다. 요양보호사에 대한 불만을 요양보호사 본인이 아니라 사업자에게 전달해서 조정할 수도 있다. 요양보호사의 케어 품질 관리는 이용자의 책임이 아니라 사업자의 책임이다. 무엇보다 이용자와 요양보호사의 고용 관계를 배제하여 이용자가 요양보호사를 하인 취급하지 않도록 할 수 있다.

④ 케어 매니저 제도의 도입

일본의 케어 매니저 제도는 영국의 제도를 모방했다는 말을 자주 듣는데, 둘은 비슷하지만 다르다. 처음에 케어 매니저 도입을 맹렬히 반대한 곳은 장애인 단체였다. 영국의 케어 매니저 제도의 실태를 알고 있었기 때문이다. 영국의 케어 매니저는 지방 자치 단체가 고용했다. 보통 고용된 입장에서는 이용자보다 고용주의 이익을 위해 행동할 수밖에 없다. 그 때문에 영국의 케어 매니저는 지방 자치 단체의 부담을 줄이기 위해 이용 억제를 유도하는 경우가 많았다. 장애인 단체는 그 점을 우려하여 반발했다.

하지만 일본의 케어 매니저는 영국과 달리 지방 자치 단체가 고용하지 않는다. 케어 매니저는 이용해도 되고 이용하지 않아도 된다. 무료인 데다가 몇 번이나 바꿀 수도 있어서 원칙적으로 이용자 위주로 케어 플랜을 세울 수 있다. "케어 매니저 따위는 필요 없다", "스스로 관리하면 된다"라고 주장하는 단체도 있다. 하지만 간병 보험을 제대로 이용하려면 제도에 대해 잘 알아야 한다. 또한 개정 때마다 점점 더 복잡해지고 이상해져서 초보자가 제대로 이용하는 데 무리가 있다. 케어 매니저는 본래 독립성이 있어야 한다. 하지만 일본은 케어 매니저가 독립성을 지킬 수 있을 만큼 보수가 충분하지 않기 때문에 사업자에 소속되는 것을 인정하고 있다.

그 결과 사업자의 이익을 우선시하는 케어 매니저가 등장했다. 돈을 주는 사람의 눈치를 보는 것은 어느 나라에서나 당연한 일이다. 케어 매니저를 만든 것까지는 좋았지만 사업자 소속을 인정한 것은 실수였다. 그래서 케어 플랜을 짤 때는 반드시 복수의 사업자를 포함하도록 지도하는 등 여러 다른 수단을 강구하고 있다. 하지만 가장 근본적인 해결책은 케어 플랜의 보수를 높여서 케어 매니저가 독립성을 지킬 수 있도록 처우를 개선하는 일이다.

⑤ 자격을 갖춘 간병 노동자의 전문화

그다음으로 좋은 점은 간병 노동자에게 자격을 요구하여 전문직으로 만든 것이다. 이미 말했지만 이용자와 요양보호사의 관계가 개별화되면 여러 가지 문제가 발생한다. 게다가

가사와 간병은 '여자라면 누구나 할 수 있다'고 여겼기 때문에 서양에서는 주로 이주 여성의 노동력을 값싸게 이용했다. 가사 간병 노동자를 고용하면 그 경비를 세금 공제해주거나 그 일부를 공적 비용으로 부담해주겠다는 게 '사회 보장' 내용이었다. 하지만 이렇게 하면 절대 간병 노동자의 임금과 사회적 지위가 오를 수가 없다.

일본 간병 노동자의 노동 조건이 얼마나 열악한지는 잘 알려져 있다. 요양보호사 자격증은 단기간에 취득할 수 있지만 그래도 요양보호사 1~3급(현재 3급은 폐지되어 초임자 연수로 변경) 자격증이 없으면 간병 관련 일을 할 수 없다. 이는 잘한 일이다. 간병은 '여자라면 누구나 할 수 있는' 비숙련 노동이라는 기존의 편견을 불식시키는 데도 큰 역할을 했다.

⑥ 간병 필요 인정 제도의 도입과 상대적으로 높은 지급 수준

또 하나의 특징은 간병 필요 인정 제도의 도입과 상대적으로 높은 지급 수준이다. 간병 필요도 등급은 1등급에서 5등급까지로 가장 상태가 나쁜 5등급이 되면 한 달에 받을 수 있는 서비스 지급의 상한액이 36만 엔 정도(수도권은 40만 엔 전후)다. 자비로는 이 정도의 서비스를 제공받기 어렵다. 다른

집에서 혼자 죽기를 권하다

나라와 비교해도 높은 수준이다.

이와 함께 간병 필요 인정 제도가 도입되었다. 이 제도는 ADL, 즉 일상생활 동작(Activities of Daily Living)을 주요 판정 기준으로 삼는다. 당시에는 그 판정 결과가 한결같지 않거나 치매 고령자에게는 대응하기가 어려워 평판이 나빴지만 반드시 사수해야만 했다. 왜냐하면 이용자 상한의 근거가 되기 때문이었다. 간병 보험은 본인 부담률이 10%인데 이용자가 상한액을 넘기면 본인 부담률이 100%가 된다. 즉, 이 이상은 절대 이용하지 못하게 하는 문지기 역할을 한다. 반대로 생각하면 현장의 재량권을 무시하고 자의적 운용으로 도덕적 해이를 우려한다는 점에서 현장에 대한 신뢰가 빠져 있는 제도라고 할 수 있다.

⑦ '가족에게 현금을 지급한다'는 선택지가 없다

일본 간병 보험은 독일의 간병 보험과 달리 가족에게 현금을 지급한다는 선택지가 없다. 간병 보험을 제정할 때 가족에게 현금을 지급하는 문제로 대격론이 벌어졌다. 그 상황을 정리한 사람이 사회 보장 심의회의 심의 위원이자 '좀 더 나은 고령 사회를 만드는 여성 모임'의 이사장인 히구치 게이코 씨였다. 간병 보험 시행 초기에는 서비스를 제공할 사업자가 충분하지 않아서 정부는 "보험료는 내는데 이용할 서비스가 없다"라는 비판을 받을까 봐 두려웠다. 또한 그때까지는 무료였던 며느리의 간병 대신 타인을 들이기 위해 10%나 부담해야 한다는 사실에 저항감을 보이는 사람이 있을 거라고 예상했다. 그래서 간병이 필요한데도 간병 보험을 이용하지 않고 가족이 간병할 때는 그 노동력에 보수를 지급하자는 의견이 나왔다. 언뜻 보면 타당해 보였다. 현금으로 받으려면 공적 서비스를 이용하지 않아야 했다.

하지만 히구치 씨와 동료들은 서비스 이용료보다 훨씬 낮은 금액의 현금을 받고 '며느리의 간병'이 고착화될 수 있다고 걱정했다. 히구치 씨는 그동안 간병을 여자의 일, 혹은 며느리의 무료 노동으로 여기면서 각 지방 자치 단체에서 진행했던 '간병 며느리 표창 제도'를 비인간적이라고 비판해왔다. 당연히 히구치 씨는 그런 선택지를 허용할 수 없었다. 또한 이러한 제도를 도입하면 간병 서비스를 보급하겠다는 지방 자치 단체의 노력에도 찬물을 끼얹는다고 생각했다. '가족에게 현금 지급'을 배제한 이 모임의 공적은 역사에 기록해야 한다.

간병 보험은 원래 중산층의 가족 간병 부담을 줄이겠다는 의도로 설계되었다. '이용자 중심'을 내세웠지만 사실상 간병 보험은 간병이 필요한 당사자가 아니라 가족들이 추진했다는 사실을 기억해야 한다. 그리고 간병 보험이 시행되자, 원래 의도한 효과와 더불어 의도하지 않은 효과도 나타났다.

의도한 효과부터 말해보겠다.

① 권리 의식의 향상

간병 보험 도입 당시에는 저항감이 있었던 이용자도 시간이 흐르면서 금세 변해갔다. 건강 보험료를 내는데 병에 걸렸을 때 사용하지 않을 사람은 없다. 간병 보험도 마찬가지로 사용하지 않으면 손해라는 권리 의식이 생겨났다. 시행 첫해에는 이용자를 찾아내는 일까지 해야 했지만 3년째인 1차 개정 시에는 이용 억제를 유도할 만큼 단기간에 변화가 일어났다. 만약 세금 방식이었다면 이런 권리 의식은 생겨나지 않았을 것이다. 그래서 보험 방식을 선택한 게 성공 요인이라고 생각한다. 세금도 본래 국민의 지갑에서 나오지만 세금이 재

원이 되는 사회 보장 제도에는 복지 스티그마^{선별적 복지로 수혜자에}
^{게 낙인을 찍는 현상 - 옮긴이}가 따라붙기 때문이다.

② 간병 서비스 준시장의 성립

실질적 증세라 할 수 있는 보험료 강제 징수는 첫해에만
4조 엔 규모의 준시장(Quasi-Market)을 만들어냈다. 불황의
한가운데에 있던 일본 경제에서는 거대한 규모다. 이 준시장
은 고령화에 따라 매년 확대되어 2019년에는 11조 엔 규모에
이르렀다.

준시장은 수급 곡선으로 가격이 변동하는 자유시장 메커
니즘이 작용하지 않는, 정부가 공정가로 관리하는 시장을 말
한다. 전기나 수도 등 생존에 필수적인 재산과 서비스는 시장
원리에 맡겨서는 안 된다는 이유로 준시장 아래에 놓여 있는
데, 의료와 마찬가지로 간병 서비스도 생명선을 유지하는 서
비스이기 때문에 준시장이 성립되었다.

오랫동안 불황이 지속되는 와중에도 성장 산업인 간병 서
비스 시장에는 많은 사업자가 참여했다. 그중에는 여성 기업
가들도 있다. 그들은 간병 보험이 생기기 전부터 이미 각지에
서 '시급한 간병 요구(needs)'를 알아보고 상부상조 사업을

집에서 혼자 죽기를 권하다

시작했다. 지역 최저 임금 이하의 자원봉사 가격으로 운영하는 사업이었는데, 간병 보험이 그런 서비스를 유상화하고 재정적으로 뒷받침해주면서 순식간에 경제적으로 안정되었다. 간병 보험 지정 사업소에 존재를 알리기 위해 민간 비영리 단체 등의 법인 자격을 취득하는 단체도 늘어났다. 내가 쓴 『케어의 사회학(ケアの社会学)』(2011)은 이러한 넓은 의미의 시민 사업체의 활약을 연구한 책이다. 또한 이 성장 산업은 간병 복지 분야에서 많은 혁신적인 인재를 만들어냈다. 내가 그 사람들을 취재한 후 쓴 책이 『케어의 카리스마적 리더들』이다.

③ 여성의 무임금 노동에서 임금 노동으로

많은 사람이 놓치고 있는 부분인데, 간병 보험이 불러일으킨 큰 변화 중 하나는 돌봄 노동이 무료가 아니라는 상식을 널리 정착시킨 것이다. 지금까지 간병은 여자의 무임금 노동이었다. 나는 이를 '감사 없는, 평가 없는, 대가 없는 노동'이라고 불렀다. 특히 며느리라면 당연히 해야 하는 '강제 노동'이었다. 어느 해외 문헌에서 '어쩔 수 없이 해야 하는 간병은 강제 노동'이라는 글을 보고 무릎을 쳤다. "그렇구나. 강제 노동은 강제 수용소에만 있는 게 아니었구나" 했다. 자기 집에서 시부모를 간병하면 대가가 없다. 하지만 다른 사람의 집에서 다른 사람의 부모를 간병하면 대가를 받는다. 그렇다면 서로 간병할 상대를 바꾸면 되지 않나?(웃음). 그런 생각까지든다.

'간병을 다른 사람에게 맡기면 대가를 지불해야 하는 노동'이라는 사실을 하나의 '상식'으로 일본인들 사이에 널리 퍼트린 효과는 아무리 강조해도 지나치지 않다. 일단 돈을 내면 갑자기 지금까지 공짜였던 것의 가치를 알게 된다. 간병 보험이 간병이라는 무임금 노동(전문 용어로는 '무상 노동'이라고 한다)을 '시각화'한 일은 매우 큰 성과였다.

④ 가족 간병의 실태가 드러나다

간병 보험으로 가족 간병에 '타인의 눈'이 개입하게 되었다. 이를 두고 히구치 게이코 씨가 "가족의 어둠에 서치라이트가 들어갔다"라는 명언을 남겼다. '서치라이트'란 잠수함에 달린 조명 기구로 새카만 해저를 밝혀준다.

지금까지는 가족 간병을 이상으로 여겨왔지만 그 안에서 무슨 일이 일어나고 있는지 그 실태는 아무도 알 수 없었다.

집에서 혼자 죽기를 권하다

하지만 애초에 가족은 간병 초보자다. 누워 있는 노인에게 욕창이 생겨도 어떻게 대처해야 하는지 모른다. 소변을 못 가리는 노인을 작은 방에 가둬두는 가족도 있었다. 일부지만 외부의 개입이 들어가면서 폭언과 폭력에 방치되거나 심한 경우살해당하는 사건까지 여러 고령자 학대 사례가 드러났다.

그 실태에 근거하여 2005년에 고령자 학대 방지법이 제정되었다. 그때까지 '가족의 수치를 세상에 보여주고 싶지 않다', '애초에 타인에게 맡기는 것 자체가 가족의 수치다'라는사고방식이 오랫동안 '가족의 어둠'을 가려왔다. 간병 보험은 그 '어둠'의 문을 억지로 여는 효과를 발휘했다. 그런 의미에서도 간병 보험 서비스를 사용하지 않으면 가족 간병인에게 현금을 지급한다는 선택지를 도입하지 않은 것은 다행이다. 설령 현금을 지급해도 가족 사이에 무슨 일이 벌어지는지알 수 없고, 돌봄의 품질 관리 등에도 전혀 관여할 수 없기 때문이다.

간병 보험은 의도한 효과 이외에도 의도치 않은 효과까지
봤다.

① 고려장 스티그마의 해소

앞에서 이미 말했지만 간병 보험의 설계 의도는 가족 간병
의 부담 경감이다. 간병 보험 시작 당시에는 고령자와 자녀
의 동거율이 약 50%였다. 이를 소득 계층별로 나누면 고소득
층과 저소득층 양쪽이 낮고 중산층이 높은, 산맥 형태를 이
룬다. 즉, 2세대를 유지할 수 있는 경제력이 있는 계층에서는
'선택적 별거'를, 경제력이 없어서 자신의 생활만으로도 벅
찬 가구에서는 '고려장 별거'를, 그 어느 쪽도 아닌 중간 가구
만이 '마지못한 동거'를 선택하고 있었다.

'노후에 간병이 필요할 때, 누구의 도움을 받고 싶은가'라
는 의식 조사에서 1위 배우자, 2위 딸에 이어 아들보다 하위
에 '며느리'라는 답이 나왔다. 며느리는 간병하는 쪽이나 받
는 쪽이나 선택하고 싶지 않고 선택받고 싶지 않은, 환영받지
못하는 선택지다. 간병 보험이 일부이기는 해도 중산층 가정

을 간병에서 해방시켜주었다. 사실 이 제도의 성립을 지원한 '간병의 사회화를 추진하는 1만 명 시민 위원회'의 중심도 노동 단체였다.

하지만 뚜껑을 열어보니 첫해에 간병 보험이 더 많이 쓰인 곳은 가정보다 시설이었다. 모처럼 재택 지원을 위해 만든 제도가 시설 이용 쪽으로 옮겨간 것이다. 그 이유는 이용자의 권리 의식 때문이다.

여기서 '이용자'란 누구인가를 지적해야 한다. 고령자의 시설 입소를 결정하는 의사 결정자는 태반이 가족이다. 현장 전문가들은 이용자와 이용자 가족을 구별하지 않는다. 또한 양쪽의 이해가 대립하면 가족의 의사를 우선하는 경향이 있다. 그도 그럴 것이 가족이 연금을 포함하여 노인의 지갑을 움켜쥐고 있으니, 케어 매니저와 사업자 모두 서비스를 받는 당사자보다 서비스 대금을 내는 지갑 관리자 쪽의 눈치를 볼 수밖에 없다.

간병 보험이 만들어낸 권리 의식은 그동안 시설 입소에 따라붙던 '고려장 스티그마'를 불식시켰다. 예전의 고령자 시설은 확실히 시설과 설비 모든 면에서 열악해 부모를 입소시켰다고 다른 사람들에게 밝히기 어려운 분위기였다. 하지만 1인실이 기본인 특별 양호 노인 홈 등이 등장하면서 시설 설비나 케어의 수준이 올라가 이제 시설에 부모를 입소시키는 데 주저함이 사라졌다. 후생노동성도 고령자가 존엄을 지키면서 생활하려면 1인실이 전제되어야 한다면서 1인실형 특별 양호 노인 홈 건설을 추진했지만 3년 만에 거주비 징수로 전환했다. 그러자 한 달에 14~15만 엔을 낼 수 있는 사람만 이용할 수 있었고 결국 1인실형 특별 양호 노인 홈은 사라졌다.

연금 수급자가 증가하면서 부모의 연금으로 비용을 부담할 수 있게 된 사람이 늘어났다. 그래서 이제 시설 입소는 피하고 싶은 선택이라기보다는 이용자의 '권리'가 되었다. 시설 입소 대기자가 급속도로 늘어나고 있는 현실이 그것을 말해준다. 시설의 수준은 천차만별이지만 부유층 대상의 고가의 유료 노인 홈이 늘어나면서 시설의 이미지도 많이 개선되었다. 이제 부모를 시설에 넣었다는 사실을 숨기지 않고 말할 수 있다. 가족과 고령자 양쪽 모두 타인의 도움이 필요해지면 시설에 맡기는 수밖에 없다고 생각하게 되었다.

간병 보험이 생긴 후에는 선진적인 시설도 분명 늘어났다. 나는 취재를 하러 가면 반드시 직원에게 묻는다.

"당신의 부모님을 이곳에 모셔도 괜찮나요?"

집에서 혼자 죽기를 권하다

"네, 물론이죠"라는 답변을 받으면 다음 질문을 한다.

"그럼 본인도 나중에 여기에 들어오고 싶나요?"

이 질문에는 많은 직원이 잠시 말문이 막힌다. 솔직히 들어오고 싶지 않은 것이다. 경영자에게도 물어본다.

"나중에 간병이 필요하게 되면 본인이 경영하는 이 시설에 들어오고 싶나요?"

지금까지 단 한 명을 빼고 모두가 "마지막까지 집에 있고 싶다"라고 대답했다(그 한 사람은 부유층 대상의 유료 노인 홈 경영자였다). 한 유료 시설에서는 "들어가고는 싶지만 제 연금으로는 무리예요"라고 대답한 직원도 있었다.

제도는 재택 지원을 지향하는데 왜 재택 이용이 늘어나지 않을까? 가족이 아닌 제3자가 해주는 서비스를 이용하는 게 익숙하지 않고 무슨 일을 시켜야 할지 잘 몰라서도 있겠지만, "내 집에 타인을 들이고 싶지 않다", "타인의 도움을 받고 싶지 않다"는 이용자와 가족의 강한 저항감도 또 하나의 원인이다. 우리의 조사에 따르면 고령자 본인보다 가족이 집에 타인을 들이는 데 저항감이 더 컸다. 물론 타인의 출입을 싫어하는 노인도 있지만 실제로 전문가의 간병을 받아보면 가족의 간병보다 훨씬 쾌적하다는 사실을 금세 실감하게 된다.

간병 보험의 20년간 동향을 살펴보면 2005년부터 재택이 시설을 웃돈다. 나는 그 이유를 고령자와 자녀의 가구 분리 때문이라고 본다. 1인 가구 또는 고령자 부부로 이루어진 2인 가구는 이제 제3자의 손길을 거부할 이유가 없다. 가족이라는 '저항 세력'이 사라지면 '우리 집에 다른 사람이 들어온다'는 거부감도 사라진다. 그사이 간병 보험 제도는 시설 이용을 억제하고 재택 간병을 유도하는 방향으로 개정을 반복했다. 재택 간병이 더 싸게 먹힌다는 '불순한 동기' 때문이지만 말이다.

② 늘어나는 본인 부담금 때문에 생긴 이용 억제

예기치 못한 효과의 두 번째는 이용을 억제하는 사람들이 늘었다는 것이다. 이전까지 무상으로 서비스를 받던 빈곤 가정의 서비스 수준이 하락한 사실은 이미 지적했다. 그리고 이는 간병 보험의 잘못이 아니라 저소득층을 위한 대책을 마련하지 않은 정부와 지방 자치 단체의 책임이라는 것도 말했다. 매우 놀라운 일이지만 간병 보험 재정은 시작 이래 지금까지 줄곧 흑자다. 이 말은 간병이 필요하다고 인정받은 노인이 필요 등급에 따른 서비스를 이용료의 상한액까지 사용하고 있지 않다는 의미다. 그 이유는 서비스가 무료가 아니고 사용할 때마다 본인 부담금이 늘어나기 때문이다.

일본인은 원래 간병은 무료라고 생각해서 설령 10%라 하더라도 부담하기가 싫은 걸까? 가구 분리 이전에 가계 분리가 이미 진행되어 겉으로는 3세대 가족이어도 '노인의 생활은 노인 스스로가 부담할 수 있는 범위에서'라는 규칙이 이미 존재하는지도 모른다. 이용자의 대다수가 농업 등의 자영업자라서 국민 연금에만 의지하는 상황에서는 본인 부담 한도액을 넘겨 자녀가 추가로 이용료를 부담하는 경우가 거의 없다. 그러기는커녕 노인의 연금에 기생하는 자녀조차 있고 그 자녀들은 노인의 연금이 줄어드는 것을 원하지 않는다.

③ 저가 서비스에 집중

간병에 돈을 쓰지 않으려는 경향은 단가가 낮은 저가 서비스를 주로 이용하는 데서도 알 수 있다. 그 결과 수익이 보장된 간병 사업에서 적자를 내는 사업소가 속출하는 상상 밖의 사태가 발생했다. 그중에는 금세 철수를 결정한 곳도 있다. 기업은 영리가 목적이니, 수익이 생기지 않는 사업을 지속할 이유가 없다.

간병 보험의 방문 간병은 신체 간병과 가사 원조, 이 두 가지가 기본이다. 시작 당시 신체 간병의 단가는 4,020엔으로 꽤 높은 가격대였다. 반면 가사 원조는 1,530엔으로 큰 격차가 있었다. 신체 간병은 신체 접촉으로 시작하는데 실제로 현장에서는 어디까지가 가사 원조이고 어디까지가 신체 간병인지 선을 긋기가 매우 어렵다. 신체 간병의 단가를 높이 설정한 데는 사업자의 참여를 촉진하기 위한 인센티브의 의미가 있었다. 한편 가사 원조의 단가를 낮게 책정한 이유는 '여자라면 누구나 가능한 일'이라고 생각한 게 틀림없다.

중간에서 관리 비용을 빼면 요양보호사에게 실제로 나가는 금액은 대략 그 절반이다. 게다가 대기 시간이나 이동에 따른 비용은 보장해주지도 않는다. 이래서는 버틸 수가 없기 때문에 1차 개정 때는 가사 원조를 생활 원조라는 이름으로 바꾸고 단가도 2,460엔으로 올렸다. 그래도 등록된 요양보호사의 평균 임금은 5만 엔 정도였다. 여전히 수지가 맞지 않는 노동이었다. 그 후의 개정에서도 1시간이었던 시간 단위가 30분이 되고 15분이 되면서 현장은 비명을 지르고 있다. 게다가 방문 간병의 단가는 개정 때마다 깎이고 있다. 그 결과 방문 간병은 6개의 간병 사업 중 가장 수지가 맞지 않는 사업

집에서 혼자 죽기를 권하다

이 되었다.

2012년 개정에서는 생활 원조 보수가 또 한 번 삭감됐고 결국 폐업하는 사업자도 나타났다. 또한 일손 부족도 심각해졌다. 간병 업계는 코로나가 터지기 전인 2019년의 유효 구인 배율(유효 구인 수÷유효 구직자 수)이 15배를 기록했다. 구직자 한 명당 일자리 15개가 있다는 뜻이다. 그 정도로 인기 없는 직업이 되었다.

현장의 희망 사항은 매우 간단하다. 둘로 나눴던 신체 간병과 생활 원조를 하나로 통일하고 단가를 그 중간인 3,000엔 정도로 설정하며 시간은 1시간 단위로 계산하자는 것이다. 이것이 불가능할 이유는 없어 보이지만, 정부가 이 문제들을 해결할 의지가 없는 데는 더 뿌리 깊은 이유가 있다.

간병 보험의 후퇴

2020년 1월, 히구치 게이코 씨와 나는 '좀 더 나은 고령 사회를 만드는 여성 모임'과 '위민즈 액션 네트워크'가 공동 주최하는 '간병 보험의 후퇴를 절대로 용납할 수 없다! 1.14 원내 집회'를 중의원 의원 회관에서 개최했다. 2019년 12월의 사회 보장 심의회의 분위기가 심상치 않았다는 이야기가 들려서 집회를 열 수밖에 없었다.

간병 보험은 2020년에 20세를 맞이했다. 간병 보험은 태어난 이후 줄곧 '학대받는 아이'로 불렸는데, 그 이유는 3년마다 개정이 필수인 이 법률이 개정을 거치며 더욱 불편해졌기 때문이다. 개정을 거듭할수록 간병 보수 삭감이나 동거 가구에 대한 이용 제한, '부적절한 이용'에 대한 지적 등 제약이 많아졌다. 2005년에는 간병 필요 인정을 받은 사람의 일부를 간병 보험에서 제외하고 간병 필요도 1, 2등급으로 바꾸었다. '간병 필요 고령자'의 수를 줄이려는 잔꾀라는 생각이 들었다. 또한 시설 이용을 억제하기 위해서 시설 간병의 보수를 삭감하더니, 2006년 개정에서는 재택과 시설 양쪽의 보수를 모두 삭감했다.

후생노동성은 2003년, '신형 특별 양호 노인 홈'을 권하며 1인실형 특별 양호 노인 홈이 아니면 보조금을 주지 않겠다고 허세를 부렸다. 하지만 3년 만에 재택과 비교하면 불공평하다는 이유로 1인실형 특별 양호 노인 홈에 거주비를 도입했다. 그 때문에 1인실 이용자의 이용료가 한 달 7~8만 엔에

집에서 혼자 죽기를 권하다

서 약 두 배인 14~15만 엔으로 상승했다. 1인실 이용자는 다인실로 옮기거나 시설을 나가야 했다. 노인의 존엄성을 지키기 위해서는 1인실이 최저 조건이라며 그때까지 분발하고 있던 많은 시설 경영자들은 분노했다. 지금도 일본에서는 "1인실은 사치다", "가난한 사람은 다인실로 가라"는 듯한 분위기가 있다.

그 후 2009년에는 간병 현장의 피폐함과 일손 부족에 대한 위기감으로 국회 결의로 처우 개선비가 나왔다. 하지만 그 돈은 사업자에게 지급되었고 실제로 간병 노동자의 지갑으로 들어갔는지는 확실하지 않다. 또한 사업자의 노력에 따라 각종 혜택을 받을 수 있도록 했지만 제도가 복잡해서 결국 이용자의 부담만 늘어났다.

그리고 2014년 의료·간병일괄법에 따라 간병을 재택으로 유도하는 게 명확해졌다. 특별 양호 노인 홈의 입소 자격 조건이 간병 필요도 3급 이상으로 엄격해졌고 이용자의 본인 부담률도 소득에 따라 10%에서 20%로, 2018년에는 30%로 상향 조정했다. 정부가 드디어 이용 억제로 태세를 전환한 것 같다.

의료·간병일괄법은 지금까지 의료는 의료, 간병은 간병

으로 각각 다른 행정 아래에 있던 서비스를 합쳐서 운용하며, 마지막까지 집에서 지내는 시스템을 만들자는 것이다. 노인에게는 환영할 만한 일이지만 사실 그 동기는 불순하다. 재택 간호가 가장 저비용이라고 생각하여 병원의 목을 조이기 시작한 것이다. "병상 수와 병원 수를 늘려라", "요양형 병상은 나중에 전부 폐기하라"고 하면서 각 병원에 퇴원 후 재택 복귀율 75%를 부과했다. 그때까지는 3개월마다 이 병원에서 저 병원으로 옮겨도 '재택 복귀'로 집계되지 않았다. 병원이 의료 사회사업가(MSW)를 고용하여 '지역 연계실'이나 '퇴원 지원 코디네이터' 등에 힘을 쏟게 된 것은 이다음의 일이다. 덧붙여 말하면 일본에서는 사회사업가의 사회적 인지도와 보수가 열악하고 의료 사회사업가의 일은 건강 보험에 반영되지도 않는다. 정말 곤란하기 짝이 없다.

그 와중에 2019년 개정으로 심의회에서 케어 플랜의 유료화나 증상이 가벼운 환자는 지역 사업으로 전환하는 등의 사안을 검토할 거라는 정보가 들어왔다. 정부는 개정안을 조금씩만 내놓기 때문에 좀처럼 전모를 알 수 없다. 미디어의 반응도 둔하고 관련 보도도 없다. "어라, 언제 이렇게 됐지?" 하는 사이에 간병 보험은 20년이나 학대를 당하고만 있었다.

집에서 혼자 죽기를 권하다

다행히도 정부안은 심의 위원 일부의 강한 저항과 여론의 반발에 밀려 금세 철회되었지만 우리가 방심하고 있으면 언제 또 나올지 모른다. 진정으로 심각한 위기를 느꼈다.

이렇게 간병 보험 20년의 역사를 되돌아보니 정부가 꾀하고 있는 시나리오의 전모가 보인다. 우리 집회의 슬로건은 다음의 여섯 가지였다.

— 간병 보험에서 지원 필요자 제외를 반대한다.

— 간병 필요도 1, 2등급 제외를 반대한다.

— 생활 원조 제외를 반대한다.

— 케어 플랜 유료화를 반대한다.

— '현재의 소득 수준', '일정 소득 이상'의 조건 아래 이용자 부담률 상승을 반대한다.

— 간병 보수 삭감을 반대한다.

아마도 정부의 시나리오는 ① 간병 보험에서 간병 필요도 1, 2등급의 경도자를 빼고 중도의 3, 4, 5의 3단계로 한정한다, ② 생활 원조를 빼고 신체 간병으로 한정한다, ③ 케어 플랜을 유료화하여 이용의 문턱을 높인다, ④ 개인 소득에 따라 본인 부담률을 높여서 각자의 능력에 따라서 서비스를 받게 한다, ⑤ 간병 보험으로 부족한 부분은 본인 부담 서비스를 사용하게 하여 고령자의 지갑에서 돈을 빼낸다는 것이다. 모두 이용을 억제하려는 '불순한 동기'에서 나온 내용이다. 겉으로는 건강 보험의 전철만은 밟고 싶지 않다며 '제도의 지속 가능성'을 대의명분으로 내세웠지만 경제적인 이유 때문이라는 게 훤히 보인다.

이제 와서 간병 보험이 없는 시대로 돌아갈 수는 없다. 간병 보험은 '잃어버린 90년대'에 일본 국민이 달성한 개혁 중에서 개개인의 가정에 직접 영향을 미친 가장 큰 변혁이었다. 일본은 간병의 사회화를 향해 거대한 한 발짝을 내디뎠고(아직 '한 발짝'에 지나지 않지만), 많은 고령자와 그 가족이 혜택을 받았다. 이 변혁은 단카이 세대의 유권자들이 완수했다. 원래는 자신들의 간병 부담을 줄이고 싶어서였겠지만 결국 자신들도 혜택을 받게 되었다. 단카이 세대는 다음 세대에게 민폐 세대라는 비판을 받고 있지만 이 간병 보험만은 단카이 세대의 정치적 공적으로 인정해줘야 한다.

요즘 시대에 간병 보험 폐지 등을 주장하는 정치가가 있다면 그의 정치 생명은 금세 끝나버릴 것이다. 그 정도로 간병

집에서 혼자 죽기를 권하다

보험의 혜택은 국민 사이에 깊숙이 침투해 있다. 제도는 있어도 사용하기 불편하게 만들어 사용하지 못하는 것을 '제도의 공동화'라고 하는데 여기에 능한 사람들이 바로 정치가와 관료다.

간병의 사회화를 다른 말로 하면 '탈가족화'라고 할 수 있다. 그런데 간병 보험이 '후퇴'하면 다시 간병의 '재가족화'가 일어날 수밖에 없다. 현재 우리는 이 문제에 직면하고 있다. 하지만 간병 보험 시행 후 20년 사이에 가족은 크게 바뀌었다. '재가족화'라고는 해도 이미 현재의 가족은 간병할 여력이 사라지고 있다. 간병 보험 20년 사이에 2인 이상의 고령자 가구와 1인 고령자 가구는 모두 합쳐 50%를 넘었고 이제 재택 간병이라는 말이 곧 가족의 간병 능력을 가리키는 것도 아니다. 간병해줄 가족이 없는 고령자가 재택 생활을 하려면 간병 보험의 힘이 반드시 필요하다. 사실상 간병 보험의 생활 원조는 고령자, 특히 혼자 사는 고령자의 재택 생활을 지탱해왔다. 하지만 정부의 개정 방침은 고령자의 재택 생활을 어렵게 하는 방향으로 가고 있을 뿐이다.

정부의 이 시나리오를 어떻게든 여론의 힘으로 되돌리고 싶다고 목소리를 냈더니, 같은 위기감을 안고 있던 사람들이

전국 각지에서 속속 모여들었다. 300명으로 가득 찬 현장의 열기를 전하고 싶어 그 목소리를 모아 긴급 출판한 책이 『간병 보험이 위험하다!(介護保険が危ない!)』(2020)이다. 꼭 읽어보기를 바란다.

이 책에는 그날 참가한 사람들의 이름으로 작성된 성명서가 실려 있는데, 히구치 게이코 씨가 그 초고를 써주었다. "이렇게 간병 보험이 개악되면 집에서 죽음을 준비하기는 점점 힘들어질 것이다"라는 명료한 문장이 등장한다.

이대로 가다가는 간병 보험이 위험하다는 말은 여러분의 부모와 여러분의 노후가 위험하다는 뜻이다. 그리고 여러분 자녀의 인생도 위험하다는 뜻이다. 사업자와 노동자의 미래도 위험하다. 혼자서 안심하고 살 수 있는 사회는 자녀가 안심하고 부모를 혼자 둘 수 있는 사회다. 안심하고 나이를 먹을 수 없는 사회는 젊은이의 미래도 위험한 사회라는 사실을 기억하자. 지금은 젊어도 당신 역시 언젠가는 반드시 나이를 먹을 테니까 말이다.

집에서 혼자 죽기를 권하다

나는 가족이 없어서 혼자 살고 있다. 고령자 행렬에 들어서기
는 했지만 아직 가스가 기스요 씨가 말하는 '허약하고 비실비
실한 상태'는 아니다.

이제 곧 간병 보험 이용자가 될 것이다. 팔팔하게 살다가
어느 날 덜컥 죽는 것은 바랄 일이 아니다. 사람은 천천히 내
리막길을 걸어갈 뿐이다. 주변의 많은 노인들을 보면서 나는
그것을 깨달았다. 조만간 움직이지도, 먹지도, 마시지도 못
할 것이다. 그러다가 어느 날 호흡이 멈춘다. 이를 임종이라
고 부른다. 혼자 사는 내가 이대로 내리막길을 걸어가다가 어
느 날 홀로 집에서 죽을 수는 없을까? 그동안 혼자 살아왔는

데 임종이라고 해서 거의 만나지 않던 일가친척이 전부 모이는 것도 이상하다. 혼자 조용히 죽고, 어느 날 그 사실을 발견해도 '고독사'라 부르지는 않았으면 한다. 이게 이 책을 쓴 동기다.

나는 사리사욕을 위해 연구하고 있다. 간병 보험이 생겼을 때는 나를 위한 제도라고 생각했다. 내가 쓴 '싱글 시리즈'를 많은 독자가 읽은 이유는 나와 같은 사람이 생각보다 많았기 때문이다.

『싱글, 행복하면 그만이다』를 내고 나서 『누구나 혼자인 시대의 죽음』을 낼 때까지 8년, 그 후 또 6년이 흘렀다. 나도 순조롭게 나이를 먹었고 그사이에 사회도 변했다.

무엇보다 혼자 사는 고령자가 급속도로 늘어났고 '불쌍함'의 대명사였던 '싱글'의 이미지가 완전히 변했다. 최근에 어떤 남성 주간지에서 '혼자가 되었을 때 실패하는 이유'라는 특집 기사를 발견했다. 그 이유는 "자녀와 함께 산다", "손자의 교육비를 내준다", "자녀에게 재산을 다 넘겨준다", "재혼한다"였다. 기사를 읽으면서 약 10년 만에 노후의 상식이 이렇게 바뀌다니, 감개무량했다.

집에서 혼자 죽기를 권하다

고작 10년 만에 노후의 상식이 180도 바뀌었다. '자녀와 함께 사는 것이 행복하다'에서 '함께 살지 않는 것이 현명하다'로 바뀌었다. '혼자 사는 것은 불쌍하다'에서 '혼자 사는 것은 편하다'로 바뀌었다. 그 '상식'을 바꾸는 데 나도 어느 정도 역할을 했다고 생각하고 싶다(웃음).

　　젊은 시절 나는 "오늘의 상식은 내일의 비상식!", "오늘의 비상식은 내일의 상식!"이라고 줄곧 말했다. 정말 그대로 되었다.

　　이제는 혼자서 죽는 일만 남았다. 혼자 사는 것은 '고립'이 아니고 혼자 죽어도 '고독사'가 아니다. 그래서 '재택사(© ChizukoUeno)'라는 새로운 말도 만들었다. 그렇다고 '집에서 혼자 죽기를 권하다(원제:在宅ひとり死のススメ)'라는 제목으로 설마 책까지 나올 줄이야, 10년 전에는 상상도 하지 못할 일이다.

　　내 집에서 혼자 죽을 수 있게 된 것은 간병 보험 덕분이다. 간병 보험이 시작되고 20년, 현장의 경험은 확실히 늘어났다. '재택사'는 전문가의 지원만 있으면 가능하다는 사실을 현장에서 느꼈다. 이 사실을 독자들에게도 전달하고 싶어 이 책을 썼다. 일본의 간병 보험은 제도와 담당자, 케어의 질까지 다른 복지 선진국과 비교해도 절대 떨어지지 않는다. 요즘 나는 해외에 사는 일본인에게 노후에는 일본에서 사는 게 나을 거라고 권할 정도다.

일본 간병 보험의 장점과 한계, 문제점도 알리고 싶어 마지막 장을 덧붙였다. 이 제도는 절대 후퇴해서는 안 된다고 생각한다.

"우에노 씨, 앞으로 간병 보험은 어떻게 되나요? 간병 업계는 노동 붕괴가 진행되겠죠?"

나는 이런 질문을 자주 받는데 그때마다 이렇게 답한다.

"어떻게 될지가 아니라 당신이 어떻게 하고 싶은지를 생각해주세요."

간병 보험은 우리 유권자가 만든다. 우리 유권자가 간병 보험을 좋게도, 나쁘게도 만들 수 있다.

늙는 것은 누구도 피할 수 없다. 사망률은 100%이다. 5명 중 1명이 치매에 걸린다고 한다. 간병 없이 살겠다며 열심히 운동하고, 치매를 예방한다고 두뇌 체조에 매달리기보다는 간병이 필요해져도 안심할 수 있는 사회, 안심하고 치매에 걸릴 수 있는 사회, 장애가 있어도 죽지 않는 사회를 만들기 위

집에서 혼자 죽기를 권하다

해 해야 할 일이 아직 너무나 많다.

당신도 함께 싸워준다면 기쁘겠다.

우에노 지즈코

우에노 지즈코 上野千鶴子

일본을 대표하는 사회학자이자 여성학자인 그녀는 교토대 사회학 박사과정을 수료한 후 도쿄대 사회학과에서 학생들을 가르쳤으며 2011년 동 대학 명예교수로 이름을 올렸다. 일본 내 여성단체 간의 협업을 위해 NPO(Non Profit Organization, 민간비영리기구) 법인인 WAN(Women's Action Network)을 설립, 이사장직을 맡으며 활발하게 활동했다.

1994년『근대가족의 성립과 종언』으로 산토리학예상을 수상했으며,『가부장제와 자본주의』,『위안부를 둘러싼 기억의 정치학』 등으로 굵직한 여성주의 이슈를 사회적 의제로 만드는 데 큰 역할을 담당했다.

이 책『집에서 혼자 죽기를 권하다(在宅ひとり死のススメ)』는 '싱글의 노후' 시리즈인『싱글, 행복하면 그만이다(おひとりさまの老後)』,『여자가 말하는 남자 혼자 사는 법(男おひとりさま道)』,『누구나 혼자인 시대의 죽음(おひとりさまの最期)』 이상 세 권의 종결편에 해당하는데, 이 시리즈는 누적 판매 부수 130만 부를 달성한 초베스트셀러이다.

특히 이 책은 고령화 저성장 시대에 가장 큰 관심사인 '어떻게 죽는 것이 가장 행복하고 평화로운지'에 대한 화두를 던져 사회과학 도서로는 이례적으로 아마존 종합 1위에 올랐다. 저자는 1인 가구의 행복지수(생활 만족도)가 2인 가구의 그것보다 훨씬 더 높다는 것을 여러 자료를 통해 검증해서 보여주면서 집에서 혼자 죽는 것을 '고독사'라 말하며 공포를 조장하는 미디어에 일침을 가한다. 기존의 관념이나 통념에 반기를 들고 전혀 새로운 시각으로 가장 합리적인 대안을 제시하는 우에노 지즈코의 특기를 다시 한번 이 책에서 확인할 수 있을 것이다.

한편 2016년 강남역 살인사건을 계기로 미소지니(misogyny, 여성 혐오)가 우리 사회에 큰 이슈로 떠올랐을 때 그녀의 대표작인『여성 혐오를 혐오한다(女ぎらい)』가 국내에서 크게 주목받은 바 있다.

이주희

한국외대 일본어과를 졸업한 후 해외의 좋은 책들을 국내에 소개하는 저작권 에이전트로 오랫동안 일했다. 옮긴 책으로는『집에서 혼자 죽기를 권하다』,『무조건 팔리는 카피 단어장』,『이상하게 돈 걱정 없는 사람들의 비밀』,『N1 마케팅』,『아, 그때 이렇게 말할걸!』,『아이디어를 현실로 만드는 기획력』,『매력은 습관이다』 등이 있다.

건강하게 살다
가장 편안하게 죽는 법

집에서
혼자 죽기를
권하다

1판 1쇄 발행 ǀ 2022년 6월 28일
1판 4쇄 발행 ǀ 2024년 5월 1일

지은이 ǀ 우에노 지즈코
옮긴이 ǀ 이주희
발행인 ǀ 김태웅
기획편집 ǀ 정상미, 엄초롱
디자인 ǀ design PIN
마케팅 총괄 ǀ 김철영
마케팅 ǀ 서재욱, 오승수
온라인 마케팅 ǀ 김도연
인터넷 관리 ǀ 김상규
제 작 ǀ 현대순
총 무 ǀ 윤선미, 안서현, 지이슬
관 리 ǀ 김훈희, 이국희, 김승훈, 최국호

발행처 ǀ (주)동양북스
등 록 ǀ 제2014-000055호
주 소 ǀ 서울시 마포구 동교로22길 14 (04030)
구입 문의 ǀ 전화 (02)337-1737 팩스 (02)334-6624
내용 문의 ǀ 전화 (02)337-1739 이메일 dymg98@naver.com
네이버포스트 ǀ post.naver.com/dymg98
인스타그램 ǀ @shelter_dybook

ISBN 979-11-5768-812-8 03330